# STALINE
# SANS PRISME

Paul Leboulanger

© 2022, Paul Leboulanger
ISBN : 978-2-3224-5854-7
Édition : BoD – Books on Demand, info@bod.fr.
Impression : BoD – Books on Demand, In de Tarpen 42, Norderstedt (Allemagne).

Impression à la demande
Dépôt légal : novembre 2022

# Sommaire

Introduction

## PARTIE 1

**Mythe 1 : Le Prolétaire**
Extraction populaire
Le dictateur du prolétariat
**Mythe 2 : Koba**
Les chevaliers géorgiens
« Le Patricide »
L'autre Koba
Le reniement
**Mythe 3 : L'Inculte**
Complexes
Les influences culturelles
Le poète
**Mythe 4 : L'Habile stratège**
La création de Lénine
L'appareil et son incarnation
Les bolcheviks et la terreur politique

## PARTIE 2

Olga Konkka : *Réécrire l'Histoire grâce aux manuels scolaires*
Sofia Tchouikina : *Prolétariat contre élites & évolution des musées*
Célia Mugnier : *Monstres et surhommes dans la littérature*
Eric Aunoble : *La source et la nature du pouvoir de Staline*
Myriam Truel : *Victor Hugo en Russie, entre censure et influence*
Kateryna Lobodenko : *Le cinéma et la caricature : ces vecteurs du mythe*

« *Un mensonge fait plus d'effet que la vérité.
Ce qui importe, c'est d'atteindre son objectif.* »
Staline

# Introduction

Staline n'est plus un acteur de l'Histoire, mais un mythe. Il est devenu le sujet d'un récit, l'objet d'une représentation, un exemple incarné de tyran. Il a été mythifié, il s'est lui-même mythifié et tout ce qui nous reste de sa personne est ce nom recouvert de mystère et de fantasme, cette fiction d'un être qui, à force d'actes inhumains, a poussé la mémoire collective à lui retirer tous ses attributs humains. Si l'on pouvait retrancher de l'humanité les bourreaux en affirmant simplement qu'ils appartiennent à une race monstrueuse, et que cette distinction sauvait effectivement la civilisation pour l'éternité, nous en serions tous ravis. Mais cela ne fonctionne pas. La morale, sans cesse changeante, n'est pas un instrument fiable.

« Ce discours est usé, il faut aller plus loin. Il faut essayer de comprendre les mécanismes qui font qu'un homme (...) devient un jour un bourreau » : ces mots, je les emprunte à Maître François Roux, qui fut l'avocat d'un tortionnaire khmer[1]. Il faut, en effet, définitivement déposer les lunettes de la mémoire et utiliser celles de l'Histoire et des faits. Sinon, nous n'aurons tiré aucune leçon et nous aurons seulement refusé le problème. Staline fut un dictateur et un criminel, il ne s'agit pas de contester les faits ; encore moins d'excuser ; encore moins de justifier. Il s'agit désormais de dépasser le jugement moral – légitime – et de s'attacher à comprendre.

Joseph Vissarionovitch Djougachvili est le premier responsable de sa mythification. Il s'est camouflé sous 40 surnoms lors de sa clandestinité afin de semer les autorités, avant de n'en garder qu'un : Staline,

---

[1] Son discours est cité partiellement par François Bizot dans le livre « Le silence du bourreau » (Flammarion, 2011)

littéralement « l'homme d'acier ». Cette pratique est loin d'être une exception. Presque tous les révolutionnaires ont troqué leur nom de naissance pour un pseudonyme qui, la plupart du temps, fait écho au monde industriel.

C'est ainsi que Viatcheslav Skriabine est devenu Molotov (Le Marteau). Pour la Révolution, Vladimir Ilitch Oulianov s'est appelé Lénine[2] ; Lev Bronstein s'est mué en Trotski ; Lev Rosenfeld s'est rebaptisé Kamenev (l'Homme de pierre) ; le nom à rallonge d'Ovseï-Gerchen Aronovitch Radomyslski-Apfelbaum a été écourté en Zinoviev ; Iankel Solomon a choisi le patronyme de Sverdlov ; Sergueï Kostrikov fut connu comme Kirov ; Meir-Henoch Moïsseïevitch Wallach est le premier nom de Litvinov ; Alexandre Malinovski a opté pour Bogdanov ; le fondateur du menchevisme, Julius Martov, est né Iouli Ossipovitch Tsederbaum ; et Tomski était l'avatar d'un certain Mikhaïl Efremov.

Les socialistes russes, parias hors-la-loi et clandestins traqués, doivent s'entourer de codes et de mystères pour subsister. Quand

---

[2] Lénine en aurait utilisé plus de 150 au cours de sa vie politique.

le pouvoir est enfin conquis, Staline peut réécrire l'Histoire à sa guise, créer des zones d'ombres, retoucher les photographies, propager un culte de la personnalité sinon grossier, du moins franchement caricatural. L'usage des leviers culturels – le cinéma en premier lieu – fut l'une des principales composantes de cette propagande.

Ces efforts soviétiques pour tailler à Staline un costume de chef d'Etat furent faciles à tourner en dérision lorsque la déstalinisation fut amorcée. Pourtant, pendant longtemps, l'Occident fut fasciné par cet homme ancré dans le siècle des « guides ». Il était le *Vojd* russe, quand l'Italie avait son *Duce* et le Reich son *Führer*. L'ouverture des archives à l'explosion du bloc soviétique a permis de connaître l'étendue des crimes imputables à son règne. Elle a aussi marqué un tournant mémoriel : désormais, l'histoire de Staline devenait comparable à celle de la Créature de Victor Frankenstein. Il est devenu, en quelque sorte, le Monstre de Karl Marx.

On a découvert les goulags, les listes d'opposants, les assassinats, les courriers secrets, la vigueur de la censure, l'*holodomor* (famine) en Ukraine, mais aussi la délation et la terreur dans laquelle des millions de Soviétiques vécurent. Après cela, comment traiter hors du champ moral la biographie de Staline ? Comment s'intéresser à sa jeunesse, à sa psychologie, à ses raisonnements ? Tout ce travail a été impossible à mener sans verser dans l'interprétation morale, le rappel constant de la frontière entre bien et mal et cela est compréhensible. De fait, le mythe a opéré une mutation. Voici, dans les grands traits, ce qu'il nous dit : un jeune Géorgien, bercé dans la misère, a accumulé une colère féroce contre le monde. Passant du côté obscur de l'humanité, ce prolétaire, limité intellectuellement, d'une faible culture historique et politique, a gravi les échelons en élaborant une stratégie froide et rusée, pour enfin assouvir son ambition : rendre au monde la folle cruauté qu'il a emmagasinée pendant des années.

Si ce scénario peut servir à concevoir un splendide Marvel, il est beaucoup moins utile pour comprendre les rouages de Joseph Djougachvili. Pour démythifier ce personnage et proposer une lecture amorale, j'ai choisi de détailler dans ce livre quatre mythes majeurs qui ont fait Staline. Le premier fut conçu par le principal intéressé et le régime : c'est l'invention d'un Petit père des peuples, qui serait une pure émanation de la classe ouvrière, si proche de celle-ci qu'il serait le plus à même d'exercer en son nom la dictature du prolétariat. Le deuxième mythe est celui qui influença l'enfant et l'adolescent Staline : il s'agit de la légende de Koba, preux chevalier géorgien qui lui servit de modèle et le poussa sur la voie du nationalisme... avant qu'il ne vire vers le marxisme. La troisième partie s'attache à détruire la vision d'un homme inculte, et au contraire présenter la soif culturelle de Staline et la façon dont celle-ci a nourri sa méthode politique. Ce sont précisément ses idées qui ont exigé le sacrifice de millions de vies, leur compréhension est décisive. Enfin, nous verrons que Staline arriva au pouvoir ni par une intelligence stratégique, ni par un enchaînement de circonstances, mais par la volonté même des bolcheviks, qui finirent par le regretter.

Résumons. Le dictateur communiste est un intellectuel issu de la petite bourgeoisie de province, travaillé par de nombreuses influences, par de nombreux courants de pensée, par la poésie et la littérature, qui finit par s'arrimer à la locomotive léniniste.

Cette dernière fait de lui un lieutenant de la Révolution et, progressivement, fait tomber le pouvoir entre ses mains, volontairement. Lénine, comme bien d'autres après lui, comprit trop tard qu'il avait transformé un homme en une Idée, une idée aveugle qui s'appuyait sur un Parti, dirigeait sans la moindre empathie et éliminait toute opposition.

En 2019, un sondage mené par l'institut Levada a montré que 70 % des Russes considèrent encore que Staline a eu un « impact positif » sur leur pays ; et 46 % jugent que la Grande Terreur était légitime pour assurer un pouvoir durable. L'association Memorial, qui mène des recherches sur les crimes soviétiques, a été interdite par le gouvernement russe en décembre 2021. Au contraire, le culte de Staline reprend sa place dans la mythologie nationale, avec l'installation d'un buste du dirigeant bolchevik dans un square moscovite en 2017. Dans ce contexte, où tout semble indiquer que Staline suscite encore des passions mémorielles, il paraissait important de proposer un regard original et dépassionné sur le personnage. Pour mener à bien ce travail, il m'a semblé essentiel de demander le concours d'historiens et de chercheurs qui éclaireront des points spécifiques du récit.

Je remercie chaleureusement Kateryna Lobodenko, Célia Mugnier, Eric Aunoble, Olga Konkka, Sofia Tchouikina et Myriam Truel pour les précieux entretiens qu'ils ont bien voulu m'accorder. Je tiens à rappeler que ce livre n'est pas un ouvrage historique, mais un essai dont le but est d'enrichir la réflexion sur Staline à partir des connaissances dont nous disposons aujourd'hui. Enfin, je me dois de préciser que, bien qu'intéressé par le sujet, je ne suis pas historien mais journaliste.

Néanmoins, m'astreignant aux devoirs de la discipline historique, j'ai utilisé les faits comme matériau primaire et la discussion historiographique comme source de réflexion.

# PARTIE 1

## Mythe 1 : Le Prolétaire

### Extraction populaire

Et si le pouvoir absolu de Staline n'avait reposé que sur un fâcheux malentendu ? Posons-nous la question autrement : pourquoi les tenants du socialisme russe ont-ils participé à l'ascension de Staline, un homme censé incarner la « dictature du prolétariat », alors même que celui-ci n'était pas d'extraction prolétaire ?
Longtemps a persisté le mythe du Petit Père des peuples. Il a trompé beaucoup de monde. Il a même dupé l'excellent historien Henri Guillemin, qui affirme : « Parmi les grands hommes de la Révolution russe, Staline est le seul qui soit un prolétaire ». Si

l'on met de côté la période d'exercice du pouvoir, au cours de laquelle Staline vivait dans un luxe indiscutable, l'origine miséreuse du chef de l'URSS est une invention pure et simple dont le but originel saute aux yeux : il faut resserrer la proximité entre le peuple et son leader, renforcer l'empathie des masses à l'égard du dictateur.

Allons à la source du mythe. Staline n'a jamais dit, explicitement, qu'il était ouvrier, fils d'ouvrier, prolétaire, pauvre ou tout autre substantif. Il est même le premier à admettre que son enfance fut, initialement, confortable. « Je ne suis pas fils d'ouvrier, a-t-il déclaré. Mon père possédait un atelier de cordonnier, il employait des apprentis, c'était un exploiteur. Nous ne vivions pas mal. » Un père exploiteur, donc, non pas un père exploité. La boutique du père Vissarion Djougachvili était même très fructueuse et ce pendant de longues années. A Gori, ville d'enfance de Staline, les voisins jalousent la fortune de cette famille modèle et quelques vieilles femmes répandent des commérages sur le couple, afin d'assouvir une forme de revanche sociale. Le foyer, pour assurer son statut, s'est attiré l'amitié – qui inclut une protection réciproque et des services financiers – de la famille Egnatachvili, dirigée par l'un des plus riches négociants de vin de Gori.

L'un des apprentis « exploités » par son père s'appelait Dato Gassitachvili. Ce jeune homme disait du cordonnier : « Il vivait mieux que n'importe qui d'autre dans notre métier. Leur maison ne manquait jamais de beurre ». A cette prospérité économique s'ajoute une mentalité, qui penche plus du côté de la petite notabilité que du prolétariat. Les Djougachvili frayent avec les grands de la ville, tels que le chef de la police, et se targuent de donner à leur fils une éducation traditionnelle. Entendons par là, au-delà des brimades, des punitions corporelles sévères et autres méthodes de coercition, une transmission de la foi orthodoxe et des coutumes caucasiennes fondées sur le pouvoir des hommes. Kéké, sa mère, voulait faire de Staline un pope. C'est peu dire qu'elle a échoué. Léon Trotski s'en est plus tard délecté, pour rappeler que (comme lui) Staline n'a rien d'un prolétaire : « Ce rêve de voir le fils en soutane suffit à montrer combien la famille du cordonnier Besso était loin de l'*esprit prolétarien*. Elle se représentait un meilleur avenir, non comme le résultat de la lutte des classes, mais comme celui d'une rupture avec sa classe. »

Partant de ces considérations, comment expliquer qu'un mythe soit apparu qui a fait de Staline un homme du peuple ? Premièrement, la prospérité de son foyer n'a pas été éternelle. Quand Staline naît, le déclin du ménage est déjà amorcé. La famille habite une maison très modeste (un canapé, un samovar, une lampe à pétrole) et les repas se ressemblent souvent (haricots, aubergines, pain sec...). L'autre grand problème, c'est la boisson. Payé principalement en caisses de vin rouge, Vissarion Djougachvili a très vite sombré dans l'alcoolisme, pour oublier la mort de ses deux premiers fils[3]. Il passait son temps dans les tavernes de Gori et on le retrouvait toujours impliqué dans les rixes, arrêté soit par les poings de son opposant, soit par les

---

[3] Le père de Staline s'est mis à boire à la mort de son premier fils en bas âge, suivie de près par la mort d'un deuxième enfant. « Notre bonheur était brisé » rapporte la mère de Staline dans ses Mémoires. Quand le petit Joseph voit le jour, son père est déjà dépendant à l'alcool.

bras d'un policier. Le foie du cordonnier n'est pas le seul à avoir subi les conséquences de son addiction. L'enfant est battu. La famille est vite ruinée, puis divisée. Vissarion quitte le foyer et se fait embaucher dans une usine, où il espère reconstituer son épargne. Joseph et sa mère, quant à eux, vagabondent de maison en maison, au gré de la générosité qu'ils reçoivent de leurs anciennes connaissances.
Voilà le point de départ du mythe.
Staline, donc, ni ouvrier ni paysan, va justifier son statut de prolétaire par le déclassement social que rencontrent ses parents pendant les années de son enfance. Il le dit sans détours : « Mon père perdit tout et devint prolétaire (...) Il devint prolétaire et sa ruine fut donc un atout pour moi. Mais à dix ans, je n'étais pas heureux. » Un atout ? Comment peut-on faire de la ruine de son père un atout ? Tout simplement, parce qu'il s'agit là du tampon officiel qui valide le statut de prolétaire, un statut de rêve au sein du Parti bolchevik, rempli d'intellectuels et de bourgeois. La logique est imparable : après tout, on ne naît pas prolétaire, mais on peut le devenir, pour paraphraser Simone de Beauvoir.

Robert H. McNeal, qui a produit un travail formidable à partir de la production écrite de Staline, nous livre quelques éléments sur ce processus de transformation :

> Jeune homme, pour écrire un tract politique, le futur Staline a utilisé l'expérience de son père pour montrer comment le capitalisme transforme l'artisan *petit bourgeois* en prolétaire. Dans cette version, l'ouvrier, qui est allé à l'usine dans l'espoir d'économiser de l'argent pour retourner ensuite à ses propres affaires, déchante, adhère à un syndicat et épouse les idées socialistes. Cependant, il n'y a aucune raison de croire que la triste carrière de Vissarion ait été touchée par un tel éveil. Au contraire, il semble avoir été si capté par cette vie à l'usine qu'il tenta de l'imposer à son fils.

Prouver son extraction prolétaire est d'une importance cruciale, voire vitale, pour bâtir un régime fondé sur l'idée d'une dictature du prolétariat (nous le verrons dans le chapitre suivant). Cependant, s'il est relativement aisé de montrer que Staline n'est pas prolétaire, il ne faut pas tomber dans l'erreur inverse, qui serait de faire du

Petit Père des peuples une icône de la bourgeoisie.

D'ailleurs, Staline a compris assez tôt qu'il ne faisait pas partie de la classe privilégiée. L'un de ses camarades d'enfance, Gogokhia, a relaté ceci : « Il n'aimait pas aller chez les gens riches. J'allais chez lui plusieurs fois par jour, mais il montait rarement chez moi, parce que mon oncle était riche. » Plus tard, Staline méprisa Plekhanov[4] qu'il qualifiait d'aristocrate congénital, et se moquait de sa fille qui « a des manières aristocrates, s'habille à la dernière mode et porte des bottines à talons hauts ». La richesse est immédiatement associée au vice et à une forme de culpabilité dans l'esprit de Staline. D'où vient cet état d'esprit ? Après le départ de son père, il assiste impuissant à l'exploitation de sa mère par les riches princes de la province. Elle voyage de palais en palais pour vendre sa main d'œuvre autant que possible, alternant toutes sortes de petits métiers.

Malgré sa fatigue physique, cette fille de paysan parvient à économiser assez

---

[4]Gueorgui Plekhanov (1856-1918) est un révolutionnaire et pionnier du marxisme en Russie. Sa pensée a fortement influencé Lénine et Trotski.

d'argent pour nourrir son fils. Tout ce qu'elle met de côté est destiné à l'avenir de Joseph. Elle veut l'inscrire à l'école paroissiale puis au séminaire mais aussi lui payer de beaux habits pour qu'il ne dénote pas au milieu de la jeunesse dorée de Géorgie. Or, ce sont justement les efforts vestimentaires imposés par la mère au fils qui feront jaser les écoliers[5]. Le respect qu'il n'a pu obtenir par l'allure, Staline va rapidement l'acquérir par des résultats excellents dans toutes les disciplines, mais aussi par quelques bagarres.

Par conséquent, il est donc absolument faux de faire de Staline un représentant du prolétariat ou de la classe ouvrière. Très rares étaient les enfants à pouvoir bénéficier d'une éducation telle que la sienne – rappelons que la Géorgie ne

---

[5] Cette arrivée très remarquée de Staline à l'école paroissiale, en raison de ses habits particuliers, n'est pas sans rappeler *L'Enfant* de Jules Vallès. Nul hasard, puisqu'on peut raisonnablement comparer le statut social de l'écrivain communard et du révolutionnaire bolchévique. Les punitions corporelles injustifiées et violentes sont aussi une souffrance que les deux hommes connurent, la comparaison n'allant évidemment pas plus loin.

comptait aucune université, et que le séminaire de Tiflis, où fut Staline, était alors le seul établissement d'enseignement supérieur de tout le pays. Certes, il était loin du niveau social de ses condisciples et certainement a-t-il ressenti en son for sinon une discrimination, du moins une certaine rupture entre lui et les autres élèves. Cela ne l'empêcha pas de se faire des amis qui partagèrent ses vues socialistes. Mais soutenir, à la suite de Guillemin et de nombreux historiens, que Staline fut le seul prolétaire parmi les grandes figures de la Révolution est doublement faux[6].

L'erreur est encore répétée aujourd'hui, dans certains documentaires destinés au grand public, voire même – plus préoccupant – dans des textes destinés aux collégiens. Sur le site du collège Robert-Doisneau (Gonesse), par exemple, on peut lire cette introduction à l'enfance de

---

[6] La Révolution compte parmi ses héros des (rares) authentiques prolétaires : Mikhaïl Kalinine, par exemple, fut agriculteur puis ouvrier métallurgiste dans une usine. Nicolas Ostrovski, auteur d'une incroyable histoire de la guerre civile russe, est issu d'une famille ouvrière très pauvre et a lui-même exercé de nombreux petits boulots.

Staline :

> Iossif Djougachvili nait le 21 Décembre 1879 à Gori, petit village de Géorgie, une région reculée et particulièrement pauvre de l'empire russe. Ses parents sont sans aucune fortune. La mère, Ekatérina, a perdu trois de ses enfants à la naissance. Iossif est le quatrième. Ce sera le seul survivant. Le père, Vissarion, est cordonnier. Il est aussi alcoolique et n'éprouve pour son fils rien d'autre que de l'indifférence.

Cette contre-vérité montre la prégnance qu'a eu la propagande stalinienne par le passé. Rien ne corrobore historiquement la pauvreté des Djougachvili. Ce qui est un fait, c'est que le départ du père et son alcoolisme ont mis fin à la prospérité économique qui régnait jusque-là. Ce qui a contraint Kéké à quitter son statut de femme au foyer et adopter un mode de vie plus frugal. L'ensemble du paragraphe proposé aux collégiens contribue à forcer le trait du misérabilisme. Pourquoi faire de la Géorgie « une région particulièrement pauvre » ? Cela dépend pour qui. Les Egnatachvili, grands amis des Djougachvili, vivaient comme des princes. A la fin de sa vie, le père de famille avait ouvert cinq restaurants à Tbilissi, et de nombreux autres à Gori, Bakou, etc. Ses deux fils allèrent dans une école privée moscovite. Une autre erreur peut être mentionnée dans ce texte pédagogique, qui fait de Staline le quatrième enfant du couple, alors qu'il n'est que le troisième. Quant à l'indifférence dont aurait fait montre son père, rien n'est moins sûr, quand on sait avec quel acharnement il tenta de le soustraire aux mains de sa femme.

Le professeur Patrick Morgan, dans une interview, affirme que Staline « a eu une enfance très dure en termes de pauvreté et une vie difficile en tant que jeune homme ». L'exagération est palpable. Le Caucase est peuplé d'ouvriers exploités, de paysans, de diasporas mal intégrées, d'une masse désœuvrée, de filles de joie, d'enfants orphelins... Est-ce Joseph, fils de cordonnier reçu avec une bourse au séminaire de Tiflis, qui a une « enfance très dure en termes de pauvreté » ? Ses parents sont plus proches du niveau social des Arméniens de Gori, implantés dans le commerce et qui, en cas de mauvaise passe, peuvent compter sur leurs réseaux.

## Le dictateur du prolétariat

Staline s'installe très tôt dans cette posture d'homme du peuple. A l'aube de son engagement révolutionnaire, il commence à utiliser un langage fleuri composé d'expressions populaires, d'argot ouvrier, qu'il manie savamment pour ne pas paraître démagogue. Quand il veut discréditer un camarade opposé à son point de vue, il préfère aux disputes théoriques de jolies grossièretés. Et quand on lui reproche son usage répété des insultes, « il s'excusait et expliquait que c'était le langage du prolétariat qui parle sans mâcher ses mots, mais dit toujours la vérité[7]. »

Le rôle de Staline dans la pièce de théâtre révolutionnaire est celle du prolétaire, rôle que l'on ne peut pas donner à Lénine, ni à Trotski, ni aux grandes figures médiatiques qui se réunissent lors des congrès communistes en Europe. Il faut donc jouer ce rôle et, à défaut de s'autoproclamer

---

[7] Anecdote issue des Mémoires de Philippe Makharadze, séminariste de Tbilissi. Staline insultait régulièrement ses opposants, notamment Jibladze et Jordania.

prolétaire, laisser s'installer une certaine ambiguïté.

Staline, une fois devenu le chef incontesté de l'URSS, en 1929, peut ainsi déclarer : « La classe ouvrière m'a donné naissance et m'a élevé à son image. » La rhétorique ne peut être plus équivoque. Elle laisse penser que Staline est né dans le monde ouvrier, qu'il a été élevé par des ouvriers, et cela n'est pas un aveu frontal que l'on pourrait critiquer, car *donner naissance* et *élever à son image* sont deux expressions qui portent un sens plus profond et métaphorique. Tout comme la louve qui a materné Remus et Romulus, le prolétariat peut façonner Staline pour en faire l'un des siens.

Il ne faut pas soupçonner Staline de tout faire à dessein, comme un comédien virtuose. Mais certains choix lui permirent de se faire passer pour un ouvrier plus facilement. On pense évidemment au style vestimentaire, le premier marqueur social, plus vulgairement : l'habit qui fait le moine. Est-ce à dessein, ou par mimétisme de classe, que Staline troque ses précieux vêtements du séminaire contre des vestes grisâtres qu'il ne change que rarement ? On

ne le voit plus que modestement vêtu. Il est désormais « à l'image » de la classe ouvrière. Absolument tout son entourage remarque ce style dépouillé qu'il cultive.
Le menchévik Khariton Chavichvili note son « apparence ordinaire ». Tatiana Soukhova, partenaire d'exil, nous fait cette description terne : « Hautes bottes, manteau noir, chemise de satin noir. » Sachiko Svanidze, belle-sœur de Staline, confirme : « Il était pauvrement vêtu, mince, le teint olivâtre ». Une allure à laquelle il s'habitue, si bien qu'au retour de son voyage en Suède[8], sa belle-famille est choquée par son évolution : « Lorsque Sosso revint, on eut du mal à le reconnaître. A Stockholm, les camarades lui avaient fait acheter un costume, un feutre et une pipe, de sorte qu'il ressemblait à un vrai Européen. C'était la première fois que nous le voyions bien habillé. »
Bertil Mogren, un enquêteur suédois qui a croisé le bolchevik, se souvient de son « gros pardessus gris et de sa casquette de cuir ». Noé Jordania abonde : « Staline

---

[8] En avril 1906, mencheviks et bolcheviks se retrouvent à Stockholm pour tenter une réunification.

était toujours pauvrement vêtu et constamment à court d'argent et, sur ce point, il différait des autres intellectuels bolchéviques qui menaient la grande vie. »

L'argent était l'autre élément qui distinguait Staline des leaders du Parti. Il était l'un des moins bien lotis. Une anecdote fameuse nous permet de le comprendre. Lors de la Conférence de Londres en 1903, la délégation russe put constater que, bien qu'elle défendît ardemment l'égalité universelle, on observait en son sein des écarts économiques criants. Lénine et son épouse, Nadejda Kroupskaïa, profitaient des meilleurs hôtels de Kensington Square. Pendant ce temps, les autres délégués se dirigeaient vers des hôtels plus modestes, dans Bloomsbury. Enfin, Staline et Litvinov, qui n'avaient presque rien pour payer, durent opter pour le Tower House dans Fieldgate Street[9].

Pour les autorités, l'habillement ne fait pas

---

[9] L'écrivain Jack London dresse un portrait terrifiant de cet établissement, un « monstrueux asile de nuit ».

de Staline un ouvrier. Loin de là. Les gendarmes de Tbilissi, qui le surveillent et ont constitué un dossier sur lui, définissent ainsi le statut du jeune révolté : « Un intellectuel qui dirige un groupe de cheminots ». L'organisateur de grèves Staline n'a eu qu'un seul et bref emploi, celui de météorologue à l'Observatoire de Tbilissi, en 1900. Socialement, il est vu comme un étudiant désœuvré.

Cependant, son attitude convainc Lénine, qui voit en lui « le type d'homme dont j'ai besoin » - entendre : un intellectuel praticien, proche du peuple, qui ressemble au peuple. Rappelons que Lénine était extrêmement complexé par son niveau social, qui faisait de lui partie intégrante de ce qu'il cherchait à combattre. Ce paradoxe le travailla à tel point qu'il finit par écrire au détour d'un article : « Que suis-je ? Le descendant de la noblesse terrienne (...) Alors, allez-y, tuez-moi ! Suis-je donc indigne d'être révolutionnaire ? »

Les leaders bolcheviks étant pour une large part issus de la bourgeoisie, l'appui de toutes les autres couches sociales se révélait nécessaire.

Dans cette logique, quelle différence pouvait-on faire entre un fils de cordonnier et un ouvrier ? Ils font partie de la masse informe du prolétariat russe. Seuls les paysans, en fin de compte, suscitèrent la méfiance voire le mépris de Lénine.

Les écrits de l'anarchiste ukrainien Nestor Makhno permettent de bien mesurer l'abîme social qui disjoint les chefs soviétiques du prolétariat. Pour ce dernier, Lénine, Sverdlov [10] et Trotski sont des « divinités terrestres » qu'un ouvrier peut à peine approcher. Quand Makhno rencontre Lénine pour la première fois, il comprend le gouffre qui les sépare, l'insurmontable barrière entre leurs deux mondes. Lénine, catégorique sur le fond et méprisant sur la forme, refuse de soutenir les anarchistes pour éviter aux bolcheviks de « monter [eux-mêmes] avec le prolétariat à l'échafaud ». Makhno réagit :

> Je dis à Lénine et Sverdlov que j'étais un paysan à demi illettré et que je ne voulais pas discuter l'opinion pour moi trop savante que Lénine venait d'émettre sur les anarchistes (...) Il

---

[10] Iakov Sverdlov (1885-1919), de son vrai nom Iankel Solomon, est un révolutionnaire russe qui, selon toute vraisemblance, ordonna l'exécution de Nicolas II et de sa famille.

s'efforça paternellement de me tranquilliser en faisant dévier très adroitement l'entretien sur un autre sujet. Mais mon mauvais caractère, si je peux m'exprimer ainsi, ne me permit pas, malgré tout le respect que m'inspira Lénine au cours de notre conversation, de m'y intéresser davantage. Je me serais offensé. (...) Mes réponses n'étaient plus aussi détendues ; quelque chose en moi s'était rompu et un sentiment pénible m'envahissait.

Ce sentiment qui travaille Makhno, c'est l'humiliation face au sourd mépris que Lénine manifeste à l'égard des paysans qui combattent l'Empire en Ukraine. Il ne leur reconnaît pas d'intelligence, affirme que leur lutte pourrait entraver celle des bolcheviks et, dans l'ignorance totale de la réalité du champ de bataille, estime que « leur influence est infime ». Le pauvre révolutionnaire ukrainien le dit noir sur blanc, face à ce mépris, « dans mon for intérieur, j'eus honte de moi-même »[11].

---

[11] Il ne s'agit pas d'une insulte gratuite à l'encontre de Lénine : ce mépris envers la paysannerie est pleinement assumé et intellectuellement réfléchi. Lire à ce propos l'article de G. Zinoviev *Le*

Lénine ne savait pas communiquer avec le vrai peuple. Il avait besoin de relais et croyait Staline capable de le suppléer dans cette tâche. Quand il devait discuter avec les réfractaires de l'armée ou les gens qu'il qualifiait de grossiers, Lénine disait : « Pourquoi ne pas y envoyer Staline ? Il sait causer à ces gens-là ».

Tony Cliff, théoricien marxiste auteur d'une biographie de Lénine, note qu'à Moscou, l'organisation bolchévique passe de 5 320 membres en 1906 à 250 membres en 1908. L'année suivante, ils ne sont plus que 150, dont de nombreux agents infiltrés de l'Okhrana[12], comme Koukouchkine, qui finit par devenir secrétaire du district. Grigori Voïtinski remarque aussi ce phénomène : « Dans les comités du parti, c'est le vide, le désert ». Les ouvriers ne croient plus du tout que la solution puisse venir du Parti et le laissent donc à l'abandon. Pendant les années de repli du

---

*léninisme et la paysannerie*, qui peut se résumer ainsi : le Parti au sommet, « les ouvriers d'abord, les paysans ensuite ».

[12]L'Okhrana est la police secrète de l'Empire tsariste créée en 1881 et connue pour son recours aux agents provocateurs.

mouvement, qui suivent la tentative de 1905, les bolcheviks tentent de préserver la flamme coûte que coûte. Julius Martov, chef de file des mencheviks, se désole : « Tout le développement actuel fait de la formation d'un parti-secte quelque peu stable une pitoyable utopie réactionnaire ».

Nulle surprise, donc, qu'en juillet 1917, à peine quelques semaines avant le coup de force d'octobre, les bolcheviks se rendent compte de cette absence de base et surtout de l'absence de discipline entre le sommet et cette base. Alors que Lénine crie sur tous les toits « Le pouvoir aux soviets ! », les soviets refusent obstinément de prendre ce pouvoir et de renverser le gouvernement. Staline écrit à Lénine (resté en Finlande) : « Nous aurions pu prendre le pouvoir, mais nous aurions eu contre nous les fronts, les provinces, les soviets ». Les bolcheviks ont toujours eu ce souci, quelque peu calculé, d'entraîner avec eux les forces populaires, bon gré mal gré. L'idée élémentaire de leur courant politique, rappelons-le, celle qui a causé le schisme avec les mencheviks, est qu'il faut une élite politique éclairée pour accomplir l'utopie socialiste au nom du peuple. La Révolution d'Octobre, n'en déplaise à la scénarisation épique de Sergueï Eisenstein [13], n'est qu'un coup d'Etat maladroit.

Après la Révolution, dans une lettre adressée à Lénine, le géographe libertaire Pierre Kropotkine tente d'ouvrir les yeux de son interlocuteur sur la dichotomie croissante entre les révolutionnaires et le peuple russe :

> Même si la dictature du prolétariat était un moyen approprié pour combattre et renverser le système capitaliste, ce dont je doute profondément, elle est définitivement néfaste et inadéquate pour la création d'un nouveau système socialiste. Ce qui est nécessaire, ce sont des institutions locales, des forces locales ; mais elles sont introuvables. Au contraire, où que l'on tourne le regard, on trouve des gens qui n'ont jamais rien connu de la vie réelle et qui commettent les plus graves erreurs et pour lesquelles

---

[13] Sergueï Eisenstein (1898-1948) est un cinéaste soviétique qui a réalisé de nombreux films commandés par l'Etat, dont *Octobre*, qui présente une version idéalisée de la Révolution bolchévique.

> on a payé le prix de milliers de vies et la ruine de districts entiers. (...)
> Il semblait que les Soviets devaient précisément remplir cette fonction de création d'une organisation par le bas. Mais la Russie n'est plus une république soviétique que de nom. L'influence dominante du « Parti » sur le peuple, un « Parti » qui est principalement composé de nouveaux venus – car les idéologues communistes se trouvent surtout dans les grandes villes – a déjà détruit l'influence et l'énergie constructive des soviets.

Dans les chiffres, cela se vérifie. Alexandre Tsiouroupa, commissaire à l'Approvisionnement, détaillait la composition de son commissariat au tout début des années 1920. On apprend ainsi que seuls 17 % d'ouvriers en faisaient partie, contre une large majorité de petit-bourgeois, commerçants et « spécialistes ». Cela reste un pourcentage important, car les ouvriers étaient moins nombreux en proportion, dans la société, mais on peut légitimement se demander si la dictature du prolétariat pouvait raisonnablement survenir dans ces conditions.
La bolchevik Alexandra Kollontaï, membre

de l'Opposition de gauche – avec Medvedev et Chliapnikov – à partir de 1921, a longtemps dénoncé la trahison opérée par les membres de l'appareil. La Révolution devait apporter la collectivisation ; elle a apporté l'étatisation de la production. Les syndicats devaient avoir le pouvoir ; c'est le Parti qui l'a pris. Pour Kollontaï, accuser l'opposition de « syndicalisme » ne fera pas avancer le débat : « Tous les camarades doivent considérer le problème avec le plus grand sérieux. Qui a raison : les dirigeants ou les masses ouvrières et leur sain instinct de classe ? » Le peuple et les idéologues sincères commencent donc à comprendre, dès la fin de la guerre civile, qu'il existe une rupture entre les idées marxistes et l'application réelle de celles-ci par les bolcheviks. Cela explique l'immense désertion des ouvriers, qui n'étaient déjà pas nombreux, des rangs du Parti.

Dans ce contexte, Staline fait montre de détermination, ce qui contribue encore un peu plus à l'image d'un homme qui n'a jamais failli. Même Trotski lui reconnaît cette qualité : « Si Koba avait un horizon historique fort limité, il avait, par contre, de l'obstination à revendre. Dans les années de réaction, il n'appartint pas aux dizaines de milliers de ceux qui quittèrent le parti, mais aux quelques centaines de ceux qui, malgré tout, lui restèrent fidèles. » Ce compliment venu d'un opposant est justifié. Dans cette traversée du désert qui sépare 1905 de 1917, Staline continuait à écrire : « La révolution russe est aussi inévitable que le lever du soleil ». Mais combattre pour le peuple alors même que le peuple refuse son soutien, est-ce la preuve d'un esprit prolétarien, ou est-ce plutôt l'alerte d'une rupture entamée ?

Si le mensonge de la dictature du prolétariat a longtemps perduré, ce fut justement parce que le mythe du Staline prolétaire avait été bien ficelé et répété sans arrêt. Lors du XVe Congrès du Parti, en 1926, le dictateur déclare sans trembler : « Le prolétariat est arrivé au pouvoir. » Or, qui est *concrètement* au pouvoir à cette date ? Lui seul, Staline, et personne d'autre. Encore une fois, il développe cette rhétorique maligne qui consiste à s'assimiler au prolétariat et ancrer cette contre-vérité dans l'esprit de tous, sans pour autant le revendiquer ouvertement.

Lors du même discours, il affirme que les luttes politiques ne sont en rien une stratégie personnelle, mais qu'elles s'inscrivent dans un combat global contre une nouvelle forme de noblesse :

> Pourquoi le Parti a expulsé Trotski et Zinoviev ? (...) Parce qu'ils voulaient se créer une place de noblesse dans le Parti. (...) Est-ce que nous, bolcheviks, qui avons déraciné la noblesse, allons la restaurer maintenant dans notre Parti ?

L'autre élément qui abonde en faveur du mythe d'un Staline proche du peuple est son engagement réel, pendant les années de sa jeunesse, en faveur des ouvriers. On pourrait citer le bras de fer qui l'opposa au directeur de l'usine Rothschild de Bakou, lors duquel, après avoir incendié lui-même les locaux, il poussa les ouvriers à la grève jusqu'à l'obtention d'une prime et une revalorisation des salaires à hauteur de +30 %. Il obtint la même chose pour les ouvriers de l'usine Nobel[14]. Les coups

---

[14] En 1903, Staline se fait engager par l'usine Rothschild, qui ignore ses activités révolutionnaires, pour mener des opérations « coups de poing ». Depuis les années 1880, les

d'éclat de Staline furent nombreux et lui permirent de se tailler un nom et un réseau de fidèles.

Lorsqu'il rédige des articles dans la presse clandestine, le révolutionnaire géorgien aime décrire la lutte des classes qui point dans la société russe. Voici un article de 1905, cité par Lavrenti Beria :

> La vie contemporaine, est organisée à la manière capitaliste. Deux grandes classes existent : bourgeoisie et prolétariat, et c'est entre elles une lutte à mort. Les intérêts vitaux de la bourgeoisie l'obligent à affirmer le régime capitaliste. Les intérêts vitaux du prolétariat l'obligent à attaquer et à détruire le régime capitaliste. Correspondant à ces deux classes, deux consciences se forment : bourgeoise et socialiste. La conscience socialiste répond à la situation du prolétariat. Mais quelle importance a la conscience socialiste si elle n'est pas répandue dans le prolétariat ? Ce n'est alors qu'une phrase creuse, et rien de plus !

---

grandes familles Nobel, Rockefeller et Rothschild génèrent des profits colossaux grâce au pétrole de Bakou. Une fois au pouvoir, Staline met un terme définitif aux concessions étrangères.

Son comportement en détention[15] lui valut aussi une légende dorée de martyr. Citons un exemple marquant, rapporté par Verechtchak. Lors d'une répression organisée contre les prisonniers, « Koba marcha sous les coups de crosse sans baisser la tête, un livre entre les mains. Et quand les coups se mirent à pleuvoir de tous les côtés, Staline força la porte de sa cellule avec un seau, malgré la menace des baïonnettes ». Cette anecdote est très vraisemblable, d'autant plus qu'elle émane d'un homme devenu opposant politique et qu'elle fut confirmée par l'historien Iemelian Iaroslavski, qui ajoute que le livre porté par Staline était un ouvrage de Marx. Pour Trotski, il y a quelque chose de biblique dans cette scène, qui a sûrement contribué à mythifier le « héros populaire » que deviendrait Staline. « Le nom de Marx est introduit ici pour la même raison qu'une rose est placée dans la main de la Vierge, juge l'exilé mexicain. Toute

---

[15] Staline a été arrêté neuf fois dans sa vie et il est parvenu à s'évader à huit reprises. Cela lui a valu d'être accusé de travailler pour la police secrète. En vérité, le système carcéral russe était extrêmement défaillant.

l'historiographie soviétique est faite de roses de ce genre. Koba avec Marx sous les coups de crosse est devenu l'objet de la science, de la prose et de la poésie soviétiques. »

La mythologie se paie souvent cher. Staline s'inventa prolétaire, puis chef attentionné du prolétariat, et finalement, il trompa son monde en bâtissant une société faite de classes. Lors de son voyage en URSS en 1936, l'écrivain français André Gide est désillusionné. Il comprend que la dictature du prolétariat est un mensonge.

> On voit se reformer des couches de société sinon déjà des classes, une sorte d'aristocratie (...) Comment ne pas être choqué par le mépris, ou tout au moins l'indifférence que ceux qui sont et qui se sentent « du bon côté » marquent à l'égard des « inférieurs », des domestiques, des manœuvres, des hommes et femmes « de journée », et j'allais dire : des pauvres.

Plus loin, il ajoute :

> *Dictature du prolétariat* nous promettait-on. Nous sommes loin du

compte. Oui : dictature, évidemment ; mais celle d'un homme, non celle des prolétaires unis, des Soviets.

Si Gide s'applique autant à démythifier l'URSS, c'est que les Français ignorent parfaitement la véritable situation de ce pays. Ils sont au contraire aveuglés par une kyrielle d'intellectuels fascinés par le personnage de Staline, pour qui ils écrivent des poèmes, des panégyriques et autres éloges passionnés. Cet amour porté par la gauche au leader soviétique durera jusqu'à la déstalinisation après 1953. C'est le cas d'Henri Barbusse qui écrit *Staline, un monde nouveau vu à travers un homme* en 1935 ; c'est le cas de Paul Eluard qui écrit une *Ode à Staline* en 1950 ; c'est le cas de Jacques Duclos lors d'une conférence à l'Assemblée nationale en 1949 ; ou encore du journal *France Nouvelle* et son éditorial « Staline est éternel » en 1953.

## Mythe 2 : Koba

### Les chevaliers géorgiens

Le jeune Joseph Djougachvili a été travaillé précocement par un imaginaire homérique. Les racines de cette vision, qui entremêle destin héroïque personnel et épopée nationale, se sont développées en lui dès sa prime enfance. Son père et les membres de sa famille, comme son parrain Iakov, lui racontent les faits d'armes d'hommes libres, de rebelles et de combattants qui traversent les montagnes du Caucase pour défendre le peuple et préserver leur propre liberté. Il ne faut pas négliger l'impact que ce premier travail va avoir sur le jeune garçon qui comprendra que, pour s'affirmer et obtenir le respect des siens, il faudra nécessairement faire de ces chevaliers géorgiens des modèles.

Joseph Djougachvili n'eut jusqu'à son entrée au séminaire de Tiflis que des surnoms affectifs dérivés de son prénom : Sosso ou Sosselo. C'est ainsi que ses proches parents l'appelaient, et ces surnoms le suivirent jusqu'à la fin de sa vie. Mais il existe un surnom, qui évolua ensuite en pseudonyme, que Joseph Djougachvili conserva toute sa vie depuis ses jeunes années - « Koba ». Quand il choisit de se faire appeler ainsi par ses camarades séminaristes, Joseph opéra la première mythification de son histoire personnelle. Et ce fut l'une des plus importantes.

Joseph entre au séminaire de Tiflis en 1894, à seize ans. Il est entouré d'élèves issus de familles plus riches que la sienne, mais cela n'a aucun impact sur son intégration. Le jeune homme a déjà connu cela à l'école paroissiale, où il est resté six ans. La principale frustration de Joseph, qui fut partagée par nombre de ses camarades, est la russification de l'enseignement. Toute trace de culture géorgienne est pourchassée ; les livres nationaux sont interdits. Pourtant, les séminaristes comme Joseph

Djougachvili sont tous déjà gagnés par cet imaginaire chevaleresque depuis leur tendre enfance.

L'historien Simon Sebag Montefiore rappelle que son père lui « racontait des histoires de brigands héroïques de Géorgie » et que sa mère « l'éleva pour en faire le type même du chevalier géorgien ». Pendant ses années d'école, Joseph allait souvent crapahuter avec sa bande d'amis sur le mont Gorijvari et dans le sanctuaire d'Ouplistikhé[16], sur les hauteurs de Gori. Sa mère, déjà délaissée par son mari, constate désormais les absences prolongées de son fils unique : « Son seul autre divertissement [que la lecture] était de se promener le long du fleuve ou sur les pentes du mont Gorijvari ». De plus, tous les jeunes du séminaire qui accompagnent le jeune homme avaient déjà goûté à la mélodie des poèmes nationalistes, comme ceux du célèbre Raphaël Eristavi, adulé par Joseph. Leur rêve est de se ranger dans leur lignée en devenant l'un d'eux ; par les

---

[16]Ouplistsikhé, qui signifie « la forteresse du seigneur » en géorgien, est un des sites historiques les plus anciens du Caucase. D'abord sanctuaire païen, il devint l'un des nœuds de la route de la soie au Moyen-Âge.

armes ou par la plume.

L'inculcation des valeurs chevaleresques et virilistes provient en grande partie de sa mère, Ekaterina. Staline a toujours vu sa famille comme un « clan », comme il le répète souvent. Dans une lettre à sa mère, en 1934, il lui promet d'être « à la hauteur de [son] destin » avant d'écrire dans le *post scriptum* : « Depuis la mort de Nadia, ma vie est très dure, mais un homme fort doit toujours se montrer vaillant ». Sous le drapeau rouge ou sous tout autre blason, il se sent la responsabilité comme les haïdouks d'accroître la gloire de son lignage. L'emploi régulier du terme de « destin » est à ce titre particulièrement significatif.

C'est dans ce contexte tout à fait paradoxal que les jeunes séminaristes géorgiens sont formés. Comment assimiler à l'Empire russe ces âmes déjà acquises à leur patrie ? Bercé par la culture romantique nationale, Joseph s'est très rapidement fait remarquer auprès des surveillants. Il a été introduit par son ami Saïd Devdariani[17] dans un petit

---

[17] En 1937, Devdariani, opposant anti-soviétique rangé du côté des nationalistes géorgiens, fut

cercle d'élèves qui se partagent des livres interdits. On peut y trouver toute la littérature russe (Tchernychevski, Tolstoï, Gogol, Dostoïevski, Nekrassov), européenne (Hugo, Schiller, Balzac, Goethe, Maupassant) et des ouvrages d'Histoire. Joseph, qui est régulièrement pris la main dans le sac, est placé en cellule de détention par les pères du séminaire. Il se rebelle plus d'une fois pour défendre la langue géorgienne et sa virulence lui vaut la crainte des prêtres et le respect de ses camarades.

La circulation des livres est une terrible menace pour l'œuvre du séminaire, à la fois pour l'intégration des élèves dans le giron impérial, bien entendu, mais aussi pour le renforcement de leur foi. « Aucune école laïque ne produisit autant d'athées que le séminaire de Tiflis », a ironisé Philippe Makharadzé, un ancien élève. Henri Guillemin l'a confirmé dans sa conférence sur Staline : « Le séminaire de Tiflis accueillait quantité de gens qui n'avaient aucune prédisposition pour être pope ».

Outre la brutalité du traitement, la rigidité du dogme a fini par détourner les derniers croyants. L'un des amis de Joseph,

---

arrêté et exécuté dans le cadre des purges.

Gogokhia, a dit dans ses Mémoires : « La piété s'accompagnait, comme toujours, d'un esprit policier ». Pour parachever le tableau, Joseph, qui a lu Darwin, convertit ses camarades à l'athéisme avec *La vie de Jésus* d'Ernest Renan. Finalement, tout l'enseignement prodigué par les Russes orthodoxes est méprisé par ces disciples rebelles qui se réfugient dans le roman national.

## *Le Patricide*

« Ce qui nous impressionnait le plus, Sosso et moi, confia Joseph Irémachvili, l'un de ses compagnons, ce furent les ouvrages de la littérature géorgienne qui exaltaient le combat des Géorgiens pour la liberté ». A cette époque, le livre qui va marquer le plus profondément l'imagination de Joseph Djougachvili est *Le Patricide*, de l'écrivain géorgien Alexandre Kazbegui. Celui-ci est un *tergdaleuli*, un intellectuel Géorgien formé en Russie, qui est revenu vivre dans les montagnes caucasiennes, puis à Tiflis, où il est mort célèbre, mais dans le dénuement. Il est fortement influencé par les romantiques français, en particulier Prosper Mérimée.

*Le Patricide*, qui est écrit en langue médiévale, raconte l'histoire d'amour entre le paysan Iago et Nunu, histoire rendue impossible par la convoitise du gouverneur Grigola, un tyran à la solde des Russes. Voici l'intrigue : Iago est accusé injustement de vol et enfermé dans la forteresse d'Ananuri, tandis que Nunu est enlevée et violée. C'est alors qu'entre en scène le personnage de Koba, le meilleur ami de Iago, un jeune homme fort et téméraire, qui parvient à le libérer. Les fugitifs veulent ensuite rejoindre la promise Nunu, qui s'est échappée en Ossétie du Nord. Finalement, le gouverneur les retrouve et assassine Iago ainsi que le père de Nunu. Pour les venger, Koba assassine à son tour le tyran qui traversait la forêt à bord d'une diligence.

Joseph Djougachvili est fasciné par cette histoire, qui éveille en lui de nombreux sentiments : l'illégitimité du pouvoir impérial en Géorgie, l'injustice, la vengeance (saine vertu dans la Géorgie du XIXe siècle, comme la *vendetta* corse), la solidarité, le lien entre les hommes et les montagnes. Dans cet arc de valeurs, Joseph place Koba au centre : il est le chevalier téméraire qui défie le pouvoir pour rétablir la justice. Ce roman va enraciner en lui son mépris pour l'autorité et une certaine justification de la violence, quand elle est employée pour défendre les opprimés.

Il aurait pu se contenter de rêver de ce personnage ou de s'en servir comme modèle, mais il va beaucoup plus loin. Il veut *être* Koba. C'est, certes, un personnage de fiction, imaginé par Kazbegui, mais il faut qu'il existe dans ce monde : voici la conviction de l'adolescent Joseph Djougachvili. « Koba devint un dieu pour Sosso, explique Irémachvili. Il voulait devenir un second Koba, un combattant et un héros, fameux comme le premier ». Il fait savoir aux séminaristes qu'on doit désormais l'appeler par ce nouveau nom. Cela l'entretient dans sa défiance à l'égard des prêtres russes. « Il ne souffrait pas qu'on l'appelle autrement (...) Son visage s'éclairait de fierté et de joie quand on l'appelait Koba. » Ces confidences de son ancien ami Irémachvili, qui est ensuite devenu son ennemi politique, nous apprennent beaucoup sur l'état d'esprit de Joseph Djougachvili au seuil de l'âge adulte.

A compter de cette période, tous ses amis le nomment Koba. Quand il doit choisir un pseudonyme pour entrer dans la clandestinité révolutionnaire, c'est logiquement qu'il conserve cette identité. Même ses opposants utilisent ce nouveau nom à la place de Joseph ou Sosso. Par exemple, Noé Khomériki, un menchevik que Staline cherche à évincer, parle de lui comme de « Don Quichotte Koba », non sans sarcasme. Entre sociaux-démocrates de camps opposés, les surnoms allaient bon train.

La notion de vengeance est au cœur du roman d'Alexandre Kazbegui. Pour elle, tout devient justifié. Les personnes qui accomplissent la loi du talion ne sont pas les esclaves de leur colère, ni l'incarnation des plus bas instincts animaux, bien au contraire : les représailles font le héros. Koba est victorieux précisément car il rétablit la justice en vengeant son ami. Lors de la Révolution de 1905, Staline, que tout le monde appelle désormais Koba, harangue les travailleurs du Caucase ainsi : « C'est l'heure de la vengeance ! Ils nous demandent d'oublier le claquement des fouets, le sifflement des balles, les centaines

de nos héroïques camarades tués et la ronde de leurs fantômes glorieux qui nous murmurent : Vengez-nous ! »
Faut-il voir dans l'imitation de Koba, ce héros des montagnes, un désir de révolte propre au jeune âge de Joseph ? Ou un besoin de figure puissante, alors que son père a quitté le foyer depuis des années ? Ou encore une volonté sincère de justice ou davantage l'hubris de la gloire ? Toutes ces questions sont hors de propos, car il ne s'agit pas ici de psychanalyser le jeune Djougachvili, ce qui serait tout à fait impossible. Il faut se garder de toute interprétation et simplement constater que Koba fut le premier mythe qui forgea son personnage.

## L'autre Koba

Un autre facteur a grandement encouragé Joseph dans sa décision de se faire appeler Koba. Il s'agit de son parrain officieux, Iakov Egnatachvili. En effet, celui-ci est le plus grand soutien de la famille Djougachvili depuis des années, pas uniquement d'un point de vue financier.

Iakov fut le parrain des deux premiers fils de la famille, qui moururent en bas-âge. Par superstition, Vissarion, le père de famille, voulut un autre parrain pour la naissance de son troisième enfant. Mais dans les faits, Iakov fut le véritable parrain de Joseph, qui l'admirait au paroxysme.

Iakov est un riche commerçant de vin, il est l'un des meilleurs lutteurs de Gori, un héros local respecté de tous. Montefiore le décrit ainsi : « Cet athlète vigoureux aux moustaches cirées était champion de lutte dans une ville qui vouait un culte aux pugilistes. » Il n'est pas connu sous le nom de Iakov, mais sous le diminutif de Koba. Le lien entre le parrain et son filleul a toujours été immense. A sa naissance, Joseph est allaité par la femme de Iakov qui l'élève en même temps que son propre fils. « Ils étaient presque frères de lait », résume Galina Djougachvili, sa petite-fille. La proximité entre les deux familles est si grande que des rumeurs naissent qui font de Koba le vrai père de Joseph. Rien de tel n'a jamais pu être prouvé historiquement. « Nous ignorons tout simplement s'il était le père de Staline, mais ce que nous savons, c'est que le marchand devint le père de substitution du garçonnet », tranche

Gouram Ratichvili.

Joseph Djougachvili n'oublia jamais son parrain, puisque dans ses plus vieilles années, il continua d'en parler avec respect. « Ces Egnatachvili étaient des lutteurs si renommés (…) mais le premier d'entre eux et le plus fort était Iakov ». Quand on connaît l'importance que la lutte eut à Gori et, de fait, les émotions que ce sport suscitait chez Joseph, on peut imaginer aisément la déférence qu'il devait avoir envers ce Koba paternel[18]. De plus, au-delà de la force physique, Iakov sortit son filleul de nombreuses mauvaises situations et lui permit d'étudier en aidant sa mère pour certaines dépenses. Notons que Staline a plus tard appelé son premier fils « Iakov », en hommage à son parrain.

Ce mentor, qui aimait Joseph et fut admiré en retour, ancra de la plus belle des façons le nom de Koba dans l'esprit du garçon qui, une fois devenu adolescent, imagina la révolte d'un chevalier géorgien du même nom sous la plume de Kazbegui. Nul doute

---

[18] Jusqu'à sa mort, Staline a été un amateur de lutte. Lors de ses vacances, il demandait à voir Tseradze, « un fameux lutteur… ça serait bien de l'avoir ».

que le séminariste, une fois entré dans la clandestinité révolutionnaire, tint là un beau mythe auquel attacher son destin.

Staline a réussi son pari : il est devenu Koba, celui du roman. Combien de fois l'a-t-on vu dans les montagnes du Caucase, entouré de ses fidèles compagnons, montés sur des mules et des ânes pour transporter des valises d'argent et des armes ? Le père Kassiane Gatchetchiladzé a relaté dans ses Mémoires la fois où il guida Koba et ses hommes à travers les collines frappées par le soleil d'été, en direction de Tchiaroura. Le soir, au coin du feu, Koba chantait et déclamait ses propres poèmes.

## Le reniement

Si le surnom de Koba a collé à la peau du révolutionnaire, puis du dirigeant Staline, le récit qui l'accompagne a quant à lui quitté l'esprit de son thuriféraire. Lors de sa conversion au marxisme, Joseph Djougachvili abandonne progressivement tout sentiment patriotique. Pour lui, l'important n'est plus de libérer la Géorgie mais de libérer tous les peuples et le prolétariat qui vivent sous la férule impériale. La Nation n'est plus la solution, elle fait presque partie du problème. Pour devenir Staline, Joseph doit se dépouiller de ce qui reste en lui du Koba patriote.

> Ce qui est incontestable, c'est seulement qu'une fois bolchevik Koba en finit avec ce romantisme national qui continuait à vivre tranquillement avec le socialisme prolixe des menchéviks géorgiens. Mais, après avoir abandonné l'idée de l'indépendance de la Géorgie, Koba ne pouvait pas, comme bien des Grands-Russes, rester indifférent à la question nationale en général : les relations entre Géorgiens, Arméniens, Tartares, Russes, etc., compliquaient à chaque pas le travail révolutionnaire au Caucase. [source : L. Trotski, *Staline*]

Nuançons ici le propos : Koba a tenté de rallier le marxisme à ses premiers rêves d'indépendance. Face à l'internationalisme de Lénine, il a un temps opposé l'idée d'un Parti géorgien autonome (c'est déjà la théorie du communisme dans un seul pays, pas encore pour l'URSS, mais pour la Géorgie seule). Cette position, qu'il défend en 1904, lui vaut les foudres des bolcheviks. Il est sauvé in extremis par Mikhaïl Tskhakaïa[19] qui, pour avoir une preuve de sa bonne foi, le contraint à rédiger un *Credo* dans lequel Koba renonce à son désir d'une Géorgie indépendante. C'est précisément à cette date que son surnom se vide de sa substance originelle.

Remarquons également qu'à partir de 1906, il n'écrira plus jamais en géorgien, mais seulement en russe. Cela s'explique avant tout par l'ampleur qu'il prend au sein du Parti, et non par un réel renoncement. Cependant, c'est une étape de plus vers l'abandon de la « mentalité Koba ». Couper les liens qui l'attachent à la Géorgie et embrasser pleinement la culture russe facilite son basculement du roman national vers le destin soviétique. L'assassinat du grand poète et prince géorgien Ilia Tchavtchavadzé en 1907 par les bolcheviks géorgiens de Sergo Ordjonikidzé, l'un des camarades de Staline, peut être observé comme l'acte fondateur du renoncement à

---

[19] Mikhaïl Tskhakaïa (1865-1950) est un haut dirigeant bolchevik géorgien qui signa le traité de formation de l'URSS en 1922. Malgré l'affaire du credo, plutôt humiliante pour Staline, il fut son témoin de mariage en 1906.

ses anciennes idées. A présent, il est dans un camp qui élimine les concepteurs de Koba. Les bolcheviks reprochaient au poète sa vision patriarcale et conservatrice de la culture. Un motif qui peut sembler léger pour justifier un meurtre.

Dans un texte commandé par Lénine (« Le marxisme et la question nationale », 1913), Staline exprime son point de vue sur le nationalisme et attaque ce qu'il nomme le grossier chauvinisme. Désormais, il ne s'intéresse plus au destin national géorgien. « Ce n'est nullement par hasard, écrit-il, que le programme national des social-démocrates autrichiens fait un devoir du prendre soin du maintien et du développement des particularités nationales des peuples. Pensez donc : maintenir des particularités nationales des Tatars transcaucasiens telles que l'autoflagellation pendant les fêtes de Chakhséi-Vakhséi ! Développer les particularités nationales des Géorgiens telles que le droit de vengeance ! » Non seulement Staline s'en prend au nationalisme qui l'a jadis animé, mais il cloue au pilori cette tradition de la vengeance qui est le carburant même de Koba, qu'il voyait jadis comme l'ultime dignité des chevaliers géorgiens quand ils sont injustement traités par l'Empire, cette vengeance qui était le sel de sa colère.

Où est passé le Joseph séminariste qui rêve de libérer sa patrie et rendre à la culture géorgienne la place qui est la sienne ? Il a disparu, tant et si bien qu'il critique l'idée de Noé Jordania (député social-démocrate géorgien, futur président du pays) de rendre une autonomie nationale-culturelle aux nationalités caucasiennes :

> L'autonomie nationale-culturelle suppose des nationalités plus ou moins développées, à culture, à littérature évoluée. A défaut de ces conditions, cette autonomie perd toute raison d'être, devient une absurdité. Or il existe dans la Caucase toute une série de peuples à culture primitive, parlant une langue particulière, mais dépourvus d'une littérature propre, peuples à l'état de transition par-dessus le marché, qui en partie s'assimilent, en partie continuent à se développer. (...) Comment agir envers les Ossètes, dont ceux qui habitent la Transcaucasie sont en voie d'assimilation (mais encore loin d'être assimilés) par les Géorgiens, tandis que les Ossètes ciscaucasiens sont en partie assimilés par les Russes ? (...) La

> question nationale au Caucase ne peut être résolue que dans ce sens que les nations et les peuples attardés doivent être entraînés dans la voie générale d'une culture supérieure.

Il s'agit d'un vrai reniement, une volte-face personnelle, que l'auteur de ces lignes opère avec morgue. Pour lui, les rêves d'indépendance de Noé Jordania, et son idée de confédération des peuples du Caucase, ne sont que le fruit d'une « excitation » provoquée par la bourgeoisie. La division entre toutes les petites nationalités caucasiennes constitue « un obstacle des plus sérieux à l'œuvre de rassemblement des ouvriers de toutes les nationalités composant l'Etat ». Cette vision s'inscrit bien entendu dans le discours marxiste et il est naturel que Staline se détache du nationalisme dans un souci de cohérence avec les nouvelles idées qu'il embrasse. Son ancien ami Irémachvili se désole : « La liberté nationale... ne signifiait plus rien pour lui. »

Toutefois, on ne peut pas dire que ce changement fut brutal. Si le mythe de Koba l'a suivi dès son entrée au séminaire en

1894, ses lectures de Marx et Lénine remontent à la fin de sa scolarité. Il entre concrètement dans les cercles révolutionnaires à partir de 1900. Ce qui signifie que la maturation des idées socialistes et le détachement des figures héroïques de son enfance ont eu lieu dans une période relativement longue, avec une rupture finale en 1905. Le regard d'Irémachvili sur le camarade qu'il a connu en 1899 ne semble pas illogique : « Il quitta le séminaire, emportant avec lui une hostilité rentrée mais forcenée contre l'école, contre la bourgeoisie, contre tout ce qui existait dans le pays et incarnait le tsarisme. Une haine contre toute autorité ».

Finalement, le basculement de Koba à Staline est assez simple à comprendre. Il s'inscrit dans un même schéma : les oppresseurs, les opprimés, l'injustice, l'illégitimité du pouvoir, la nécessité d'une libération. Dans le mythe de Koba, les oppresseurs étaient les fonctionnaires de l'Empire ; les opprimés, les Géorgiens. Désormais, sa grille de lecture a remplacé ces acteurs par la bourgeoisie capitaliste et le prolétariat. Il « adopta [le type du chevalier géorgien] en le transposant en chevalier de la classe ouvrière » (S.

Montefiore)[20].
Selon Trotski, ce qui pourrait être perçu comme un basculement idéologique n'est, en réalité, qu'un refoulement calculé : « Staline avait en lui beaucoup trop du paysan du village de Didi-Lilo. Dans les années d'avant la révolution, il n'osa évidemment pas jouer avec les préjugés nationaux comme il le fit plus tard, une fois au pouvoir. »
En 1918, la Géorgie obtient son indépendance grâce aux menchéviks, qui veulent en faire une république indépendante. Polycarpe Mdivani et Philippe Makharadze, deux grands amis de jeunesse de Staline, se prononcent en faveur de cette solution. Or, pour Joseph Staline et son compère Sergo Ordjonikidze, cela est désormais hors de question. Les deux hommes organisent l'invasion de la Géorgie en 1921, contre l'avis de Lénine, et la rattachent à la future Union soviétique en tant que république socialiste fédérative de Transcaucasie. Le destin de la Géorgie est

---

[20] Joseph Djougachvili opte pour le surnom principal de « Koba-Staline » en 1912, lorsqu'il devient rédacteur pour la *Pravda*. Il ne garde que le nom de « Staline » après le succès de son ouvrage sur la question nationale l'année suivante.

donc étroitement lié au cheminement intellectuel de l'homme qui se voyait en Koba-libérateur.

## Mythe 3 : L'Inculte

### Complexes

Au début du XXe siècle, l'intelligence est encore un fort curseur social. Se prévaloir d'un cerveau bien mis permet de légitimer son statut ; a contrario, le déficit intellectuel expose à la critique. Dans ce domaine, les principaux opposants de Staline ont transmis l'image d'un dirigeant limité, bourru, mauvais quand il s'agit de discourir, maladroit dans l'écriture, scolaire dans le raisonnement. Il est « l'éminente médiocrité du Parti », selon la fameuse expression de Trotski. Toutes ces critiques ne sont pas à jeter.
Cette image d'inculte n'a jamais réellement

quitté Staline. Dans les représentations qui sont faites de lui encore aujourd'hui, au cinéma ou dans certains documentaires de vulgarisation, on nous dépeint encore un homme simple, pour ne pas dire simplet, dont les plaisirs de l'esprit sont enfouis sous ceux de la chair et la volonté de puissance. Il est le fils de cordonnier à demi civilisé qui applique sans le comprendre un marxisme revisité. Ses connaissances culturelles ? En a-t-il d'autres que les textes de Lénine ? Le Petit Père des peuples était pourtant très cultivé et lui-même producteur de culture, comme nous allons le voir. Avant cela, expliquons d'abord la façon dont ce mythe a progressivement nimbé Staline.

Léon Trotski peut être vu comme le principal artisan de la sous-évaluation de Staline. La comparaison de leurs deux œuvres littéraires, en effet, place l'exilé mexicain bien au-dessus de son rival. Trotski est né intellectuel. Son éviction du Parti (1927), puis du pays (1929), le conduit à devenir extrêmement productif : 13 œuvres en 12 ans, lui qui n'en avait jusque-là publié qu'une seule. Parmi ses écrits, on compte notamment une biographie de Staline, dans laquelle il tente de comprendre comment cet homme quelconque a pu prendre les rênes de l'URSS. Sa réponse : la bureaucratisation du Parti et de l'Etat fait primer les « comitards » et les praticiens aux dépens des intellectuels et des véritables marxistes. Cependant, l'interprétation de Trotski sur son ennemi politique comporte une part de mauvaise foi et une autre part d'aveuglement. L'historien britannique Montefiore nous rappelle la suffisance légendaire de l'ancien bolchevik : « Brillant écrivain à l'écriture facile, orateur éblouissant à l'accent juif incontestable, et d'une vanité éhontée, Trotski, aux costumes de dandy et à la crinière soigneusement bouclée, était auréolé de l'éclat d'une célébrité révolutionnaire internationale, très en avance déjà sur Staline. Quoiqu'il fut le fils d'un riche paysan de la lointaine province de Kherson, il était d'une arrogance démesurée et considérait les Géorgiens comme des ploucs, des *péquenauds*. »

Le nombre de références de Trotski à la matière grise de Staline est phénoménal. Pour lui, il est l'idiot utile de la Révolution. Au début de sa biographie, il émet cet avis : « Dans la vie spirituelle de Staline, le but pratique personnel l'emporta toujours sur la vérité théorique et la volonté joua un rôle infiniment plus grand que l'intellect. » Ce jugement n'est pas nécessairement erroné, on peut remarquer que le pragmatisme a toujours dominé l'idéalisme chez Staline. Cependant, cette première référence à l'intellect est une simple mise en bouche. Alors qu'il évoque la médiocrité des discours de Koba, qui, il est vrai, avaient une construction rigide et peu habile, Trotski opère une longue digression annoncée par cette phrase : « Ses réactions sont primitives ». Il dénie à son rival toute intelligence et poursuit en s'attaquant à sa production écrite :

> Sa pensée est trop lente, ses associations d'idées par trop monotones, son style est gauche et pauvre. A la force de l'expression, qui lui fait défaut, il supplée par la brutalité. Pas un seul de ses articles de 1905 n'eût été accepté par une rédaction tant soit peu attentive et exigeante (...) Le manque de pensée personnelle, de forme originale, d'images vivantes marque chaque ligne sortie de sa plume d'un cachet de banalité. (...) On ne saurait, aujourd'hui, lire sans une certaine gêne,

> mêlée d'irritation et parfois d'une irrésistible envie de rire, ces phrases sèches, gauches, pas toujours correctement bâties et tout à coup ornées de fleurs en papier de la rhétorique.

La rudesse du jugement est compréhensible à l'aune du traitement infligé par le régime à Léon Trotski. Lui-même se protège dans la préface en admettant sa partialité. Quoi qu'il en soit, le discours trotskiste a fini par devenir la règle, à force de persévérance. Staline, ce « peu éduqué Géorgien », « avec sa pensée si lente », a gagné par la violence : il perdra par la plume.

Au-delà de s'attaquer à l'intellect et à la culture de son rival, Trotski s'en prend aussi à sa production écrite. Nous avons vu comment il considérait les articles publiés par Staline. Poussant son raisonnement jusqu'au bout, il s'étonne de la qualité du *Marxisme et la question nationale*. « Sur la base de ce seul article, qui forme quarante pages d'imprimerie, on pourrait considérer l'auteur comme un théoricien en vue, admet Trotski. Seulement, ce qui est incompréhensible, c'est pourquoi, ni avant ni après ce travail, il n'écrivit rien qui approchât tant soit peu ce niveau ». Il développe donc la thèse, et non pas l'hypothèse, malgré l'absence flagrante de preuves, que Lénine est le véritable auteur. Piochant au hasard trois ou quatre citations, il argumente : « Staline n'écrivait pas ainsi » ; « Ni avant ni après, Staline ne s'exprima jamais de cette manière » ; pour conclure que « Lénine a éliminé toutes les fioritures de séminaire ». Si Staline est idiot et inculte, il est nécessairement incapable de signer un article de qualité.

Ses ennemis ont tous repris ce même argument. Simon Verechtchak, qui fut prisonnier en même temps que Staline, avant de devenir l'un de ses opposants, le décrit ainsi : « Le développement de Koba était extrêmement unilatéral, il était dépourvu de principes généraux et son éducation était insuffisante. Par sa nature, il avait toujours été une personne de peu de culture, un homme grossier. Tout cela se combinait en lui avec une ruse très élaborée derrière laquelle même la personne la plus perspicace ne pouvait au début noter les traits cachés. »
Désormais, on ne parle plus seulement du défaut d'intelligence, mais aussi du manque

réel de connaissances, de culture au sens large, et même du désir d'être curieux. Trotski poursuit son tableau ainsi : « C'est une mémoire de paysan, dépourvue d'envergure et de synthèse, mais ferme et tenace, surtout dans la rancune. Il est absolument inexact de dire que la tête de Koba fût pleine de citations toutes faites pour toutes les occasions de la vie. Koba n'était ni un grand liseur ni un érudit. » Affirmer qu'il n'était pas un grand liseur est parfaitement faux.

L'épisode de l'incarcération de Staline rend Trotski très prolixe. C'est pour lui l'occasion d'étayer sa thèse de l'éminente médiocrité. « Malgré huit ans passés dans les prisons ou en déportation, il ne réussit même pas à posséder une seule langue étrangère », raille-t-il à raison. Staline a bien essayé, plusieurs fois, de maîtriser l'anglais, l'allemand et l'espéranto, sans succès. Peu importe, la prison est le milieu idéal pour quelqu'un comme Staline, car « il devenait plus sociable, plus détendu et plus humain au milieu de gens de mentalité primitive, dégagés de toute prédilection pour les idées ». Il est assez gênant de remarquer un véritable complexe de supériorité cultivé par Trotski, auteur brillant, certes, mais déniant toute humanité à ceux qu'il considère comme inférieurs. Qui sont ces « gens de mentalité primitive » qui ignorent le beau monde des idées ? Les geôles du tsar sont essentiellement remplies de prisonniers politiques et des petites mains de la pègre, avec laquelle les bolcheviks composent depuis plusieurs années pour faire avancer leur Révolution. Plutôt ingrat, donc.

Dans une autre partie du livre, Trotski revient encore une fois sur les capacités littéraires du leader bolchevik, estimant sans doute que le message n'est pas assez explicite. Au détour du récit d'événements historiques importants, il digresse cette fois sur l'origine caucasienne de Staline, qui expliquerait ses limites :

> Lenteur et extrême prudence, absence de ressources littéraires, enfin extraordinaire indolence orientale rendirent la plume de Staline peu productive. Ses articles, d'un ton plus sûr que dans les années de la première révolution portent comme toujours la marque indélébile de la médiocrité. (...) Mais précisément l'*à peu près* de l'exposé, non seulement du style, mais de l'analyse elle-même, rend la lecture

des travaux littéraires de Staline aussi insupportable que l'est une musique discordante à une oreille sensible.

Les attaques sont extrêmement bien portées, sans concession, et prêtent même à sourire. Le talent avéré de Trotski pour la prose est utilisé afin de réfuter celui de son adversaire. Qu'est-ce qui explique que l'historiographie ait autant relayé le mythe de l'éminente médiocrité ? On pourrait s'avancer en affirmant qu'il est délicat d'attribuer à Staline une certaine intelligence, par crainte de se voir accusé d'une forme d'apologie. En effet, cet homme représente des millions de morts, de déportations, de complots, mais il incarne aussi la dérive d'une idéologie. Cet homme ne saurait donc être qu'une brute épaisse, autre chose qu'un homme[21], qu'un cortex cérébral. On peut dire cela, mais ce serait commettre trois erreurs : la première, croire

---

[21] Le premier volet d'un documentaire en trois parties, intitulé *Apocalypse, Staline* et produit par France Télévision, s'intitule « Le Possédé ». Selon la définition du Larousse, un possédé est une personne qui est au pouvoir d'une puissance démoniaque. Là encore, le mythe remplace l'Histoire.

que le récit vaut mieux que les faits établis ; la deuxième, regarder l'Histoire par le prisme du jugement moral et non du mécanisme des causes et des conséquences, et penser que reconnaître l'intelligence d'un homme, c'est déjà le pardonner ; la troisième, passer à côté d'une réalité majeure : c'est justement le dispositif intellectuel et culturel de Staline qui, mis au service de sa politique « praticienne », l'a conduit à commettre les pires crimes du siècle dernier.

## Les influences culturelles

Pour Lénine, dont les propos nous sont rapportés par Youri Annenkov[22], l'art est « quelque chose comme un appendice intellectuel et lorsque son rôle de propagande, qui est indispensable, sera accompli, nous le couperons – clac clac – à cause de son inutilité ». En ce sens, l'art est un simple outil pour la Révolution et la

---

[22]Propos de Lénine sur l'art, extrait du *Journal de mes rencontres, cycle de tragédies* de Y. Annenkov.

future dictature du prolétariat. La culture ne doit donc pas être répandue pour le peuple mais pour que les élites puissent mieux diriger le peuple. « Il ne faut absolument pas interpréter notre slogan *liquider l'analphabétisme* comme volonté de donner naissance à une nouvelle intelligentsia. Il ne faut *liquider l'analphabétisme* que pour que chaque paysan, chaque ouvrier, puisse lire de manière autonome, sans l'aide d'autrui, nos décrets, ordres et appels. Le but est tout à fait pratique. »

Staline a toujours partagé la vision léniniste, et bolchévique plus généralement, qui fait d'une élite cultivée la conductrice du destin soviétique. Lui-même se considère comme un intellectuel – et il l'est – et craint qu'un afflux massif des ouvriers et du prolétariat dans le Parti communiste désorganise la Révolution.

Comme nous l'avons souligné dans la première partie de cet ouvrage, Staline n'est pas prolétaire. Sa formation intellectuelle, qui l'a arrimé à un sentiment empathique envers le petit peuple et le conduit à prendre sa défense, fait de lui, en même temps, un ochlocrate qui s'appuie sur la colère légitime des masses pour gouverner

*Staline sans prisme*

en leur nom. Loin de justifier son action, donc, l'intelligence de Staline permet de l'expliquer.

Quelle est-elle ? La formation du jeune homme à l'école paroissiale, puis au séminaire, ne s'est aucunement ancrée dans son esprit. En vérité, ce sont les ouvrages que les élèves se passent de main en main, clandestinement, qui intéressent au plus haut point Joseph Djougachvili. En premier lieu, il découvre avec avidité les publications scientifiques qui remettent en cause la conception chrétienne de l'univers. Les œuvres de Darwin et les théories matérialistes lui ôtent toute foi, à tel point qu'il se met à « convertir » les séminaristes à l'athéisme. Il utilise pour ce faire le best-seller d'Ernest Renan, *La vie de Jésus*. Notons, pour mesurer ce rôle moteur, que Staline n'est pas le premier athée parmi ses camarades et qu'il a lui-même été détourné de la religion par d'autres[23].

---

[23] L'athéisme de Staline et des communistes a conduit le régime à mener une politique dite antireligieuse dans les années 1930. Dès le XVe Congrès du Parti, Staline déclare : « Nous avons une lacune, c'est le ralentissement de la lutte contre la religion. » Notons parmi les mesures principales : la fermeture des églises ou leur conversion en musées

L'historienne Tamara Svanidzé a très bien montré comment la presse scientifique était censurée en Géorgie, à cette époque [*Importer et diffuser la littérature scientifique européenne en Géorgie dans la seconde moitié du XIXe siècle*, 2015]. Si le darwinisme a pu aisément toucher l'Empire russe au cours des années 1860, les nouvelles générations ont néanmoins plus de difficulté à s'informer depuis l'assassinat du tsar en 1881. Les journalistes géorgiens ont un mal fou à traduire l'œuvre scientifique européenne, car le pays ne compte pas d'Université et qu'en outre les chercheurs ne disposent pas d'une terminologie adéquate. Ils se contentent donc de traduire la presse russe.

Que penser de cet engouement des jeunes patriotes géorgiens pour les travaux de Darwin ? Il ne faut pas sous-estimer le caractère éminemment moderne de la théorie de l'évolution dans la Géorgie des années 1890. Il faut attendre 1896 pour que le *Darwinisme* d'Emile Ferrière soit

---

du matérialisme, la confiscation des biens de l'Eglise orthodoxe, la traque des professeurs croyants au sein de l'Académie des sciences ou encore la déportation dans les camps de travail des prédicateurs religieux.

traduit en géorgien[24]. L'argument donné par le journal *Kvali* pour expliquer la publication d'une telle œuvre est révélateur du retard accusé par le pays : « Le mérite de ce livre consiste dans le fait qu'il nous livre la théorie de Darwin brièvement et dans une langue compréhensible. Celui qui le lira pourra en tirer une vision générale ». Pour le jeune Staline, Darwin est un électrochoc. Pour autant, il ne constitue pas un pilier de sa pensée – qui bascule vers le marxisme – mais lui sert plutôt de matrice pour donner une réponse définitive à la grande question du « pourquoi ? ». Les socialistes-révolutionnaires voient le darwinisme comme un socle de légitimité pour leurs idées. On pourrait consacrer toute une recherche sur les ponts qui se sont multipliés entre la science et le marxisme entre la deuxième moitié du XIXe et la première moitié du XXe siècle, on serait stupéfait. André Gide, lors de son périple en URSS, a vu que « la science également se compromet dans les complaisances » et que les scientifiques

---

[24] Le livre a été publié en 1872. Dans l'introduction, Emile Ferrière insiste sur la visée vulgarisatrice de son œuvre. Le grand public français semble lui aussi incapable d'assimiler Darwin.

sont contraints de renier leurs théories et reconnaître leurs erreurs passées.

Toutefois, le poids de *L'origine des espèces* chez Staline a toujours été contenu sans ne jamais être décisif. Ce qui agit véritablement sur son esprit, ce qui le marque profondément, c'est invariablement la littérature. Ce sont les œuvres de fiction, les poèmes, les romans, les contes, les essais parfois, les pamphlets, la presse éditoriale, en un mot : tout ce qui émane de la plume d'un artiste et fait appel, avant tout, à l'imaginaire du lecteur.
Staline est enflammé par les romans de Victor Hugo. Plusieurs sources géorgiennes directes ont relaté cette admiration qu'il avait pour certains personnages des *Travailleurs de la mer* ou de *Quatrevingt-Treize*. Le héros révolutionnaire Cimourdain, un impitoyable robespierriste, a son respect, parce qu'il fait passer la Révolution avant tout, mais surtout avant tous, c'est-à-dire avant lui-même et avant l'Humanité. On touche ici à quelque chose de grande importance. S'il est certain que Cimourdain n'a pas modifié le cortex de Staline à lui seul, il est néanmoins l'un des artisans de son évolution. Le jeune

*Staline sans prisme*

révolutionnaire géorgien se convainc peu à peu, en raison de ses influences culturelles, par la littérature française spécifiquement, que seule une action radicale déshumanisée et méthodique peut permettre l'avènement d'une société nouvelle. La lecture de *Quatrevingt-Treize* le bouleverse à tel point qu'il met l'ouvrage entre les mains de tous ses camarades et qu'il en fait des lectures publiques devant certains syndicats ouvriers.

Plus tard, Staline appliquera à la lettre cette vision implacable de l'engagement révolutionnaire en négligeant sa première épouse, Kato, alors qu'elle s'apprête à mourir[25] ; il abandonnera aussi son fils aîné, Iakov, détenu par les Allemands, sous prétexte que l'intérêt de l'Union soviétique passe avant les considérations familiales.

---

[25] Staline regretta beaucoup d'avoir négligé sa première femme, qu'il aimait sincèrement. A sa mort, il semble prendre conscience de son égoïsme. Il déclare, selon les souvenirs d'un ami : « Cette créature a adouci mon cœur de pierre. Elle est morte et, avec elle, meurent les derniers sentiments d'affection que pouvait m'inspirer l'humanité. » Selon Monosselidze, un autre témoin, Staline « s'abîma dans un profond chagrin ». Cela ne l'empêcha pas de laisser sa progéniture derrière lui.

Sans juger moralement ce choix, qui peut paraître d'une froideur extrême, on peut donc appréhender le logiciel de pensée stalinien et le mettre en rapport avec ses influences culturelles.

La France inspire les élans du séminariste Djougachvili et il se prend de passion pour son Histoire. Au cours de soirées étudiantes, il s'amuse à dénigrer Napoléon, affirmant qu'il pourrait écrire tout un livre sur les erreurs faites par l'Empereur[26]. Il apprend également la version russe de *La Marseillaise* qu'il chante dès qu'un événement – manifestation, grève, etc – s'y prête. Trois autres auteurs hexagonaux ont également son respect : Maupassant, Balzac et Zola. Le *Germinal* de ce dernier semble tout particulièrement lui parler. Il offre ce livre à son comparse arménien Simon Ter Petrossian (alias Kamo).

Comme le résume parfaitement Eric Aunoble au cours de l'échange que nous

---

[26] Staline avait lu les Mémoires de Napoléon. Il avait souligné la phrase suivante : « C'est le soir de Lodi que je me convainquis que j'étais un homme extraordinaire et me pénétrai de l'ambition de réaliser de grandes choses qui jusqu'alors m'apparaissaient pure fantaisie ».

avons eu, le niveau intellectuel de Staline – et de certains révolutionnaires russes – n'est pas le plus pointu qui soit, mais il démontre un réel appétit culturel et un niveau d'information bien plus élevé que celui que l'on peut observer majoritairement dans les sociétés modernes. Avel Enoukidzé, un ancien camarade (lui aussi victime des Purges), a dit de Staline : « Tout le temps que lui laissaient les réunions et l'activité des cercles, il le passait, ou dans une petite chambrette pleine de livres et de journaux, ou à la rédaction, toute aussi spacieuse, du journal bolchéviste ».

Mis à part les auteurs français, le révolutionnaire puise son inspiration chez Schiller ou Thackeray, mais aussi et principalement chez les écrivains russes, qui conciliants, qui dissidents. Sur sa table de chevet se succèdent Tolstoï, Nekrassov, Pouchkine, Dostoïevski, Gogol, Tchekhov, Saltykov-Chtchedrine... Et comment ne pas citer l'auteur qui a littéralement dynamité la Russie tsariste : Nikolaï Tchernychevski. Celui-ci est un philosophe politique radical, qui prône la rupture totale avec l'ordre tsariste par tous les moyens. S'il ne s'est jamais revendiqué d'aucune idéologie, il a pourtant inspiré de nombreux courants qui

ont fait de lui un maître à penser : les anarchistes, les nihilistes, les socialistes... Le livre *Que faire ?* a causé un grand tumulte mais aussi des chuchotements brûlants dans les foyers, dans les universités, dans les tavernes de tout l'Empire.
Lénine fut également encouragé dans son action par Tchernychevski. Ce n'est pas par hasard qu'il publie lui aussi son *Que faire ?* en 1901. Staline, lui, comme souvent, se compare au héros du livre, Rakhmetov, qui devient l'un de ses modèles. Pour donner une idée de l'influence du *Que faire ?* sur l'opposition politique radicale, citons Gueorgui Plekhanov en 1890, qui fut le premier théoricien du marxisme russe :

> Qui n'a lu et relu ce livre fameux ? Qui n'a subi son attrait et sous son influence bénéfique, qui ne s'est purifié, amélioré, fortifié, enhardi ? [...] Qui, après avoir lu ce roman, n'a pas réfléchi sur sa propre vie, n'a pas soumis ses propres aspirations et inclinations à un examen rigoureux ? Nous en avons tiré la force morale et la foi en un avenir meilleur.

Résumons donc : la littérature épique caucasienne, les romantiques français et les penseurs russes sont la source d'inspiration originelle de Staline. N'oublie-t-on pas une brique à cette construction ? Qu'en est-il des œuvres communistes ? Il faut attendre la fin de ses études pour le voir assister à des réunions marxistes, qui sont alors organisées par le prince Alexandre Tsouloukidzé[27]. Son problème récurrent est qu'il est très souvent opposé à la vision stratégique de ses camarades de lutte. Les cercles révolutionnaires de Gori, sa ville natale, ou encore Tiflis (actuelle Tbilissi), sont dominés par ceux qui deviendront les mencheviks à partir de 1903.

Staline, lui, est influencé par Lénine dès le début de son engagement, même s'il ne le rencontre qu'en 1905 à la conférence de Tammerfors (actuelle Tampere). Voici ce qu'il confia à la fin de sa vie : « S'il n'y avait pas eu Lénine, je serai resté enfant de chœur et séminariste. »

Le marxisme pur, pour Staline, c'est le bolchévisme. Une autre version est synonyme soit de faiblesse, soit de trahison

---

[27]Alexandre Tsouloukidzé (1876-1905), ardent défenseur de Lénine et de la ligne bolchévique face aux mencheviks de Jordania, devient rapidement le mentor de Staline et de plusieurs étudiants géorgiens. Il est foudroyé par la tuberculose avant ses trente ans.

sociale. La culture politique qu'il acquiert au tournant des années 1896-1903 se fait moins par l'apport littéraire que par la presse partisane, essentiellement clandestine. Il adhère sans réserve au léninisme et se fait « plus royaliste que le roi », si l'on peut dire, en attaquant son mentor quand celui-ci se montre trop modéré.

La presse alimente quotidiennement sa réflexion et façonne son logiciel politique. Les essais ne sont pas en reste dans sa pile de lecture. Les faits sont là : dès la fin de ses études, Staline a lu les ouvrages de Nikolaï Ziber[28] sur le marxisme ; il connaît la théorie du matérialisme historique de Gueorgui Plekhanov ; et peut expliquer le développement du capitalisme en Russie grâce aux écrits de Vladimir Oulianov, dit Lénine. Alassi Talakvadzé, une communiste qui fut très proche du jeune homme, témoigne de sa capacité à transmettre la pensée socialiste : « Koba m'éclairait sur le plan idéologique. Il avait avec moi des discussions sur des sujets sociopolitiques, développant en moi une conscience de

---

[28]Nikolaï Ziber (1844-1888) est un économiste russe qui a contribué à introduire le marxisme dans l'Empire. Sa lecture de Marx a fortement inspiré les socialistes-révolutionnaires et Lénine.

classe et me donnait foi en la victoire. »
Malakia Torochelidze, elle aussi, nous rapporte les longues conversations idéologiques qui les occupent. Staline lui demande par exemple ce que son amie pense du dernier ouvrage de Bogdanov : « Selon moi, certaines des bourdes individuelles d'Ilitch [Lénine] y sont relevées de manière significative et correcte. Il note également que le matérialisme d'Ilitch est différent de celui de Plekhanov, ce qu'il s'efforce de cacher. »
Lors de ses quatre ans d'exil en Sibérie, Staline se désespère : il a froid, n'a pas d'argent et surtout... aucun livre sur le marxisme. C'est là le plus grand mal selon lui. A Touroukhansk, l'un des déportés – qui possédait une belle bibliothèque – décède. Dans ce cas, l'usage veut que l'on répartisse les livres entre les autres exilés. Mais Staline devance tout le monde en s'emparant de tout ce trésor. Sa soif de lire et de s'instruire est maladive. Voici ce qu'il écrit à Zinoviev en 1915 :

> Que puis-je faire sans aucun livre sérieux ? (...) J'ai beaucoup de questions et de sujets à l'esprit, mais aucun matériau de référence. Je meurs

de l'envie d'écrire, mais je n'ai rien à étudier.

C'est ce dernier héritage, résolument bolchévique, que Staline ne reniera jamais. A la mort de Lénine, il se pose en successeur et affirme que la destinée de l'URSS est de continuer son œuvre. Bien que ses rapports humains ne furent pas toujours au beau fixe avec Lénine, Staline a toujours admiré la vision politique du père fondateur de la nouvelle Union soviétique.

En conclusion, nous sommes loin du paysan bourru et sans culture que voulait nous dépeindre Trotski. Staline n'est pas ignorant de la doctrine communiste, ni faible d'esprit. Bien au contraire, il présente toutes les caractéristiques de l'intellectuel socialiste engagé : une colère, une idéologie, un combat.
Sa colère est apparue sur les braises du nationalisme géorgien et a été alimentée par les bûches des romantiques français. Son idéologie, forgée par le marxisme-léninisme, qui s'appuie lui-même sur le socle du matérialisme, lui a donné un combat, un destin à accomplir. Enfin, contrairement

aux intellectuels qui ont déserté après 1905, il est mu par une volonté impitoyable. Quand Trotski nous dit que « la volonté joua un rôle infiniment plus grand que l'intellect » chez Staline, il a raison et tort à la fois, car c'est justement l'intellect qui a généré et pris les rênes de sa volonté.

Le mythe de l'éminente médiocrité n'est pas fondé sur les faits historiques et empêche une compréhension du personnage. Staline avait une culture très spécifique qui a fortement impacté son action. Il comprend parfaitement tous les enjeux du marxisme, bien plus encore ceux du bolchévisme, tout comme Trotski, Zinoviev, Kamenev et Boukharine.

La volonté de Khrouchtchev, partagée par les communistes victimes des Purges, de faire de Staline un inculte politique et même un inculte tout court, est également compréhensible. Pour ces derniers, il faut à tout prix sauver le communisme, dont l'image a été tristement écornée sous son règne. Comme nous le verrons plus tard, les bolcheviks qui ont façonné ce mythe partageaient pourtant bien des convergences avec Staline.

Pour terminer sur la formation culturelle du Petit Père des peuples, citons à nouveau le clairvoyant Montefiore :

> Les livres de sa bibliothèque [celle de Staline] sont tous soigneusement annotés et accompagnés de commentaires en marge. Ce fut cette ferveur autodidacte, soigneusement cachée sous des manières frustres de paysan brutal, que ses adversaires, comme Trotski, ignorèrent à leurs dépens.

Les historiens s'intéressent de plus en plus à la bibliothèque de Staline. A raison. A défaut d'avoir laissé des Mémoires, le dirigeant soviétique avait constitué une bibliothèque personnelle de plus de 20 000 volumes. « De tous les dirigeants, Staline semble être celui qui a le plus désiré se cultiver », estime l'historien Thierry Wolton. L'ironie du destin a voulu qu'il meure précisément dans sa bibliothèque, qui contenait parmi tant d'autres 72 livres toujours en attente de retour, provenant de la bibliothèque Lénine de Moscou. L'historien britannique Geoffrey Roberts a récemment mené une recherche sur la collection de Staline [29]. Pour lui, « en suivant la façon dont Staline lit les livres, nous pouvons entrevoir le monde à travers ses yeux. Nous ne pouvons peut-être pas scruter son âme, mais nous pouvons porter ses lunettes ».

Les lunettes qui corrigent sa vue sont celles des grands classiques russes et internationaux, mais aussi celles des chercheurs en psychologie, en sociologie, en médecine ou en théologie. Surtout, Staline façonne son propre logiciel idéologique. La plupart des ouvrages qu'il possède proviennent de penseurs marxistes, principalement Lénine, qu'il étudiait, déchiffrait et révérait sans relâche. Le premier secrétaire du Parti communiste n'avait pas une de ces bibliothèques « à usage externe » que raillait malicieusement Alphonse Daudet en son temps, non, il lisait massivement.

Quand on lui demanda la liste des revues de l'émigration auxquelles il voulait être abonné, il répondit « toutes, abonnez-moi à toutes[30] ». Chaque jour, il se fixait un quota

---

[29] Geoffrey Roberts, *Stalin's library : a dictator and his books*, Yale University Press, 2022

[30] Rapporté par Dimitri Volkogonov dans *Staline, triomphe et tragédie* (Flammarion, 1992)

de 300 à 500 pages de lecture ! Il faut bien mesurer la quantité que cela représente, surtout pour un homme d'Etat occupé par des affaires autrement cruciales.

Le travail de Geoffrey Roberts est extrêmement important pour mettre fin à ce mythe du dirigeant intellectuellement limité. L'historien conclut donc que Staline n'est « pas un psychopathe mais un penseur ayant une intelligence émotionnelle et sensible », un « intellectuel sérieux qui valorise autant les idées que le pouvoir » qui possède la « marque d'un brillant simplificateur, clarificateur et vulgarisateur ». Pour reprendre l'expression de Robert Service, il est « un accumulateur et régurgitateur » d'idées. On n'a donc plus à juger un monstre d'après un référentiel moral, mais bel et bien à comprendre un humain rationnel qui a commis des crimes inédits dans leur atrocité.

Au-delà des couvertures, on peut s'intéresser au contenu des livres de la bibliothèque. Les notes faites au crayon vert, bleu ou rouge permettent de cerner leur auteur. On découvre ainsi un Staline professeur, qui corrige les fautes de grammaire et d'orthographe des écrivains. On découvre un Staline sentencieux, qui émet des avis en marge, parfois positifs (*oui oui* ; *d'accord* ; *bien* ; *c'est vrai*...) et parfois négatifs (*ha ha* ; *canailles* ; *charabia* ; *non-sens*...).

Le Staline qu'il nous reste à comprendre et à étudier, c'est celui qui déclare au congrès des écrivains soviétiques, en 1934 : « Nous avons besoin d'ingénieurs de l'âme humaine, d'ingénieurs écrivains pour bâtir l'âme humaine ». C'est aussi celui qui admire le génie de Tolstoï et Gogol, tout en voulant réduire leur influence sur la jeunesse. C'est celui qui pense que l'on peut dissocier la cause des conséquences en déclarant : « Les visions du monde des écrivains ne doivent pas être confondues avec l'impact de leurs œuvres sur les lecteurs ». En étendant cette logique à son règne, nous pourrions dire que la période stalinienne n'était pas fidèle à la vision de Marx, de Plekhanov ni même entièrement à celle de Lénine. Pour Staline, les événements découlent des idées mais n'en sont pas la traduction littérale.

# Le poète

*Sois assurée que, une fois*
*Jeté au sol, l'opprimé*
*S'efforce encore d'atteindre la pure montagne*
*Lorsque l'espoir l'exalte*[31]

Quand il est étudiant à Gori, Joseph Djougachvili se passionne pour les grands poètes géorgiens : Chota Roustaveli, Raphaël Eristavi, Ilia Tchavtchavadzé ou encore Alexandre Kazbegui, l'auteur du *Patricide*. Sans surprise, l'éducation traditionnelle qu'il a reçue de sa mère et de l'école font de Staline un fervent admirateur des icônes nationales. Le poème *Le Chevalier à la peau de panthère*, qui est connu de tout Géorgien qui se respecte, contribue à nourrir son imaginaire romanesque.

Ce texte en vers a été écrit par Roustaveli au tournant du XIIIe siècle. On peut le considérer comme le parfait poème épique, chevaleresque et courtois qui représente la civilisation chrétienne médiévale. Si l'on voulait trouver un élément de comparaison

---

[31]Extrait de *l'Ode à la Lune*, poème écrit par Staline lors de sa jeunesse.

de notre cru, on dirait que *Le Chevalier à la peau de panthère* est le *Roman de Renart* géorgien. Parmi les valeurs exaltées dans ce poème de mille vers, se trouvent au centre l'amour et l'amitié. Roustaveli, patriote si l'on veut (le terme peut sembler anachronique), fait aussi la promotion d'un Etat fort et dominé par un pouvoir centralisé. Il condamne les mariages forcés, obstacles à l'amour courtois, et l'esclavage, qui déshonore sa terre natale.

La passion de Staline pour l'œuvre de Roustaveli est très intéressante. Tout d'abord, il faut savoir que toutes les écoles de Géorgie, à partir du XVIIIe siècle, faisaient de ce poème médiéval un incontournable du programme d'enseignement. A chaque mariage, il était bien vu d'inclure dans la dot de la mariée un exemplaire de ce poème[32]. C'est un véritable totem national – et rappelons que dans sa jeunesse, Staline était franchement patriote. C'est donc tout à fait logiquement qu'arrivé au pouvoir, malgré son abandon du mythe de Koba et des valeurs nationales,

---

[32] Cette information nous est rapportée par Farshid Delshan, chercheur diplômé de l'université de Tbilissi et premier traducteur en langue perse du *Chevalier à la peau de panthère*.

il conservera son amour pour la poésie géorgienne. A partir de l'affermissement de son autorité en URSS, *Le Chevalier à la peau de panthère* devient tout bonnement obligatoire dans toutes les classes. On demande aux élèves de disserter sur l'amour et l'amitié dans ce poème. Pas un enfant Soviétique n'a pu ignorer cette œuvre sous la dictature de Staline. D'où l'erreur d'un historien américain qui affirme ce qui suit :

> Une histoire d'amour romantique complexe et la loyauté intrépide de deux superhéros, cela parlait à tous les Géorgiens patriotes, il est donc difficile d'affirmer que ce poème a laissé une marque particulière sur Staline ou que ça l'a inspiré pour propager son propre mythe héroïque.

L'affirmation de Robert H. McNeal que Staline n'aurait pas été plus impacté par ce poème que le reste de ses camarades est critiquable. Il est impossible de déterminer précisément que le jeune rebelle avait, chevillé au corps davantage que quiconque, ce poème légendaire, mais il est certain que Roustaveli a séduit Staline malgré les sept siècles qui les séparaient, et qu'il a participé à l'amour de ce dernier pour la poésie.

Cette introduction nous permet de comprendre à quel point la poésie domine le cortex de Staline. Il en est presque le jouet. A l'âge de 17 ans, il commence à écrire ses propres poèmes. Dans le style, dans les thèmes, on peut dire qu'il s'inscrit dans la lignée des grands princes géorgiens Akaki Tsereteli, Ilia Tchavtchavadzé, Raphaël Eristavi et Giorgi Eristavi. Le jeune Djougachvili rend hommage à la beauté des paysages goréliens [33], des montagnes du Caucase, il rend grâce à la lune et au soleil, à la terre mais aussi à toutes les valeurs chevaleresques de son peuple.
Ecrire à cet âge n'est pas une preuve particulière de talent. Il est probable que les amis du cercle de Devdariani, dont nous avons parlé auparavant, écrivaient eux aussi. Ce qui est une preuve de talent, néanmoins, c'est d'être reconnu et même admiré par le poète le plus célèbre du pays : le prince Tchavtchavadzé. En effet,

---

[33] Maxime Gorki, lorsqu'il visita la ville natale de Staline, fut submergé par la beauté qui l'environnait : « Gori a une sauvagerie pittoresque et originale ».

rapidement, Joseph Djougachvili veut savoir ce que vaut sa plume. Il constitue donc un petit dossier rassemblant les cinq poèmes dont il est le plus fier et l'envoie à la rédaction du journal *Ivéria*, fondé par ledit prince.

Ilia Tchavtchavadzé est immédiatement impressionné et, en tant que rédacteur en chef, décide de publier l'intégralité des poèmes de Staline.

Imaginez le sentiment qui a pu parcourir le jeune homme ! Il vient d'obtenir la reconnaissance et même le soutien du premier poète romantique géorgien, son mentor et celui de tous ses amis, l'homme qui rend fier tout un pays. Cela fait plusieurs années que Staline lit la production de Tchavtchavadzé. Il est traversé par son influence, notamment par son nationalisme et son idéalisation d'un futur radieux. Surtout, l'apprenti poète a désormais une audience et peut raisonnablement espérer embrasser une carrière d'intellectuel.

Faut-il pour autant faire grand cas de cette publication et de cette amitié naissante ? Pour Robert H. McNeal, la réponse est non. « Ce n'était pas incroyablement précoce : l'intelligentsia nationale géorgienne était petite et les éditeurs de la presse littéraire ne devaient pas être inondés de textes. » Difficile de contredire cette dernière remarque. La production était limitée, de fait la concurrence entre auteurs était moins rude. Pour ce qui est de la précocité, nous l'avons dit, rien de surprenant à publier ses premiers poèmes au seuil de la majorité.

Cela dit, les poèmes de Joseph Djougachvili, publiés sous le pseudonyme de Sosso ou de Besso (en référence à son père), ont été intégrés pendant des décennies aux principales anthologies de poésie géorgienne. L'ironie veut que les éditeurs ignoraient, la plupart du temps, l'identité réelle de son auteur... Les écoliers de Géorgie ont donc appris les poèmes de Staline jusque dans les années 1970.

Nous ne pouvons pas, ici, juger de la qualité des vers du futur dictateur soviétique. Laissons plutôt les connaisseurs en parler. Pour Robert Service, biographe bien informé, les poèmes de Staline sont « tout à fait conformes aux poèmes romantiques du début du XIXe siècle » et leur style est « très classique, (...) très standardisé et assez complaisant ». Selon Montefiore, on n'est certainement pas face à un nouveau Pouchkine, mais le rythme et la langue relèvent d'une réelle esthétique. Autre point de vue digne d'intérêt : celui de Donald Rayfield, traducteur des poèmes de Staline en anglais. Il est surpris par leur qualité, certes mesurée, et affirme que les amoureux de la littérature peuvent regretter que le Géorgien ait choisi la Révolution plutôt que la poésie, pas uniquement en raison des conséquences funestes que ce choix a produites en URSS, mais pour les futurs poèmes dont il aurait pu faire profiter les lecteurs. Dans la même veine, l'écrivain suédois Jonas Jonasson, sur un ton plus cocasse, a écrit ceci : « Staline était poète, et même un très bon poète. Les circonstances avaient voulu qu'il devienne leader révolutionnaire, ce qui était nettement moins poétique. »

La poésie de Staline est peu connue et mériterait sans doute plus de visibilité, car elle permet de comprendre cet homme pénétré de littérature épique, fasciné par des mythes et des idées qui le transcendent et lui donnent l'impression d'avoir un destin à accomplir. On pourrait dire de lui ce que Pierre Grimal a dit de Cicéron : « [Il] était persuadé que ses propres dons littéraires lui permettaient d'être à la fois le poète et le héros du poème ».

Parmi les lecteurs du journal *Ivéria*, on compte un dénommé Voznessenski. Acquis aux idées socialistes, ce Voznessenski a décidé d'aider Staline à « exproprier » une banque, ce qui désigne, plus simplement, le braquage d'un convoi et l'extorsion de fonds pour le compte de la Révolution. Quand la police l'interrogea, pour comprendre son implication, Voznessenski déclara qu'il avait transmis des informations « seulement à Koba » car celui-ci « avait écrit un poème sur le prince Eristavi d'un caractère si révolutionnaire... ce texte m'avait tant impressionné ».

Jusqu'à la fin de sa vie, Staline fut un amateur de poésie. Partout où il se trouve, quand il se sent en confiance, il récite ses poèmes préférés. « La poésie et la musique élèvent l'esprit », déclara-t-il à son proche ami Kliment Vorochilov[34]. Celui-ci, dans

---

[34] Kliment Vorochilov (1881-1969), ancien ouvrier, fut membre du Politburo entre 1926 et 1960, commissaire du peuple à la Défense (1925-1940) puis vice-président du conseil des ministres de l'URSS (1940-1953). Il est tristement célèbre pour avoir cosigné le décret ordonnant le massacre de Katyn. L'autre signataire étant Lavrenti Béria.

ses vieilles années, se souvint des moments d'intimité qu'il avait jadis partagés avec Staline entre 1906 et 1908 : « Il me rendait visite tous les soirs. Nous plaisantions beaucoup. Il me demanda si j'aimais la poésie et il récita tout un poème de Nekrassov par cœur. »

N'est-ce pas incroyable, peut-on se demander, d'affirmer que Staline aimait la poésie quand on sait qu'il a fait déporter Ossip Mandelstam à la Kolyma ? N'est-ce pas contradictoire, quand on sait avec quel acharnement le régime a voulu faire taire Boris Pasternak ? Pourquoi la censure s'est-elle abattue sur Boulgakov ? Pourquoi les bolcheviks ont-ils fusillé Gourmilev ? Peut-on innocenter parfaitement le conformisme soviétique après le suicide de Maïakovski ?

Toutes ces questions sont légitimes. Les réponses doivent être trouvées dans la logique même du bolchévisme, dans l'idée de la « ligne à suivre », dans la structure même du régime qui ne tolère pas ce qu'il ne promeut pas. Les poètes sont justement les hommes qui permettent de rêver à une réalité plus belle, de penser un monde alternatif, que ce soit dans le sens des mots ou dans la musique du langage. L'URSS n'est pas un pays pour les poètes. Staline s'intéressait beaucoup, beaucoup trop, au sort des poètes : il tâcha parfois d'en sauver, parfois d'en perdre. Il les admirait et les craignait en même temps, car il savait à quel point la poésie pouvait dominer les hommes, leur faire miroiter un ailleurs et les faire passer à l'action. Il en était le parfait exemple.

Ossip Mandelstam, merveilleux poète, paya de sa vie le *Montagnard du Kremlin* (aussi connu sous le nom d'*Epigramme à Staline*), un poème qui dénonce la chape de plomb que le tyran rouge a imposé au pays. Voici les 16 vers qui lui valurent la mort :

*Nous vivons sans sentir sous nos pieds le pays,*
*Nos paroles à dix pas ne sont même plus ouïes,*
*Et là où s'engage un début d'entretien, -*
*Là on se rappelle le montagnard du Kremlin.*

*Ses gros doigts sont gras comme des vers,*
*Ses mots comme des quintaux lourds sont précis.*
*Ses moustaches narguent comme des cafards,*
*Et tout le haut de ses bottes luit.*

*Une bande de chefs au cou grêle tourne autour de*
*lui,*
*Et des services de ces ombres d'humains, il se réjouit.*
*L'un siffle, l'autre miaule, un autre gémit,*
*Il n'y a que lui qui désigne et punit.*

*Or, de décret en décret, comme des fers, il forge, -*

*A qui au ventre, au front, à qui à l'œil, au sourcil.*
*Pour lui, ce qui n'est pas une exécution, est une fête.*
*Ainsi comme elle est large la poitrine de l'Ossète[35].*

---

[35] Il s'agit de la traduction d'Elisabeth Mouradian et Serge Venturini.

## Mythe 4 : L'Habile stratège

La création de Lénine

Staline n'aurait jamais atteint les portes du pouvoir si Lénine ne l'avait pas souhaité. Il est sa création. Premièrement, c'était l'objet du chapitre précédent, Lénine a eu une immense influence sur les idées politiques de Staline. Celui-ci le reconnaissait volontiers, comme nous l'avons vu : « S'il n'y avait pas eu Lénine, je serai resté enfant de chœur et séminariste. » Dès la scission entre bolcheviks et mencheviks en 1903, Staline rejoint Lénine. Ils sont d'accord sur l'essentiel : créer un Parti de révolutionnaires professionnels, réservé à une élite représentative. Ils s'opposent à l'ouverture générale du Parti aux ouvriers et à l'intelligentsia. Pour eux, ce serait la porte ouverte à l'amateurisme et au sabotage. Pour critiquer la démocratisation à l'œuvre au sein du Parti, Staline lance : « Napoléon III fut élu au suffrage universel, mais qui ne sait que cet empereur élu fut l'un des plus grands oppresseurs du peuple ? »

Lénine a toujours considéré Staline comme indispensable à son activité. Quand il eut besoin de financements pour la Révolution, il créa un triumvirat avec Krassine et Bogdanov pour piloter les « expropriations ». Staline fut l'un des plus grands pourvoyeurs de fonds, à la tête d'un réseau de brigandage sophistiqué et étendu à tout le Caucase. Leur plus grand fait d'armes a lieu à Tbilissi en 1907 : le braquage de la banque. Lénine voit Staline comme un homme lige capable de faire la sale besogne [36]. Faut-il s'étonner si le Géorgien entretient un mépris pour les « moulins à parole » socialistes lors de la Conférence de Tammerfors ? Sûr d'être

---

[36] Les révolutionnaires, surtout Lénine, étaient marqués par la phrase de Bakounine : « Nous devons nous associer au monde fanfaron des brigands, les seuls révolutionnaires authentiques ».

indispensable, il glisse avec sarcasme : « Parmi tous ces bavards, j'étais le seul à avoir déjà organisé et mené des hommes au combat ».

S. Dmitrievski, membre du soviet de Moscou, nous offre un récit de cette conférence[37], qui eut lieu en 1905, où Lénine rencontre pour la première fois Staline :

> Au début, Staline était troublé. C'était la première fois qu'il prenait la parole devant des dirigeants du parti. C'était la première fois qu'il parlait devant Lénine. Mais Lénine le considérait avec intérêt, donnant de la tête des signes d'approbation. La voix de Staline s'affermit. (...) Lénine s'intéressait à cet homme, dont il avait entendu parler comme de l'un des révolutionnaires les plus fermes et les plus décidés de Transcaucasie. Il voulait le voir de plus

---

[37] A Tammerfors, Staline découvre un Lénine humain, loin de « l'aigle des montagnes » qu'il pensait voir. Mais il se dit impressionné :« J'étais captivé par l'irrésistible force de la logique dans les discours du camarade Lénine, d'une logique un peu sèche, mais qui dominait l'auditoire, l'électrisait peu à peu, puis s'imposait à lui sans réserve ».

près. Il l'interroge longtemps et attentivement sur son activité, sa vie, les gens qu'il rencontrait, les livres qu'il lisait. De temps à autre, Lénine plaçait une courte remarque... et le ton était approbateur, satisfait. Cet homme était justement du type dont il avait besoin.

Désormais, Staline accompagne Lénine dans tous ses déplacements à l'étranger. Très peu de partisans le connaissent. Il est scruté avec curiosité, comme la « chose » de Lénine, qui le surnomme « mon fougueux Colchidien[38] ». En août 1908, le Parti fait le procès des expropriateurs. Les communistes veulent exclure de leurs rangs les révolutionnaires impliqués dans ces actions violentes qui nuisent à leur image. Le président du tribunal révolutionnaire, Isidor Ramichvili, propose d'exclure plusieurs expropriateurs proches de Staline (Kamo et Tsintsadzé), et s'en prend même directement à Staline. La réaction de Lénine, son protecteur, ne se fait pas attendre : « Ne donne pas le nom de ce dernier ! » Les relations entre les deux hommes ne sont pas ce que l'on appelle « un long

---

[38] La Colchide est une ancienne région sur laquelle s'est constituée la Géorgie.

fleuve tranquille ». Les désaccords politiques sont fréquents. Lorsque le Parti est divisé entre les défenseurs de la réunification (entre mencheviks et bolcheviks) et les défenseurs de la séparation – dont fait partie Lénine – Staline se positionne en tant que modéré, favorable à la conciliation et à la discussion. Le Géorgien est même d'avis que les « caprices » de Lénine sont un frein à la Révolution. A Longjumeau, Lénine rétorque à Ordjonikidzé[39] : « Ces blagues nihilistes révèlent l'immaturité de Koba en tant que marxiste ».

A Stockholm, Staline s'oppose encore une fois frontalement à Lénine sur la question de la réforme agraire. Contrairement à la vision de son protecteur, il affirme qu'il ne faut pas nationaliser les terres des paysans, qui sont des alliés dans la Révolution. Trotski s'amuse de ce schisme en déclarant : « On ne peut manquer d'éprouver quelque étonnement à voir un jeune Caucasien, qui ne sait rien de la Russie, se décider à combattre avec tant d'intransigeance les

---

[39]Grand ami de Staline, Grigori Ordjonikidzé (1886-1937) dit « camarade Sergo » fut ensuite éliminé lors des Grandes Purges en raison de sa rivalité avec Lavrenti Béria.

chefs de sa fraction sur la question agraire, dans laquelle l'autorité de Lénine paraissait particulièrement inébranlable ».
Cela n'empêche pas le leader bolchevik de piloter l'ascension de son protégé. En 1911, le comité central crée un « comité organisationnel russe » dans lequel il place Staline et son compère Ordjonikidzé. En 1912, Staline est ensuite nommé au comité central en remplacement de Malinovski[40]. Qui a été à l'origine de cette cooptation ? Lénine, bien sûr, et Zinoviev. Staline ne peut pas encore prendre ses fonctions, puisqu'il se trouve en exil, d'où il apprend sa nouvelle nomination. Le plus notable, dans cette histoire, est que Lénine dut batailler pour imposer son favori. Le diplomate Dmitrievski le rappelle : « Quand en 1912 Lénine fit entrer Staline dans le Comité central du parti, cet acte

---

[40] Roman Malinovski (1876-1918), entré au comité central et élu député à la Douma en 1912, était en fait un agent double de l'Okhrana infiltré au sein du Parti bolchevik. Sa traîtrise, découverte en 1914, lui vaudra d'être fusillé en 1918.
Devant le tribunal révolutionnaire auquel il se livra de son propre chef, de retour de la guerre, il fit repentance et jugea lui-même qu'il méritait la mort.

provoqua l'indignation. Ouvertement, nul ne s'y opposa. Mais l'indignation s'exprima dans les entretiens privés. » Trotski confirme cette version : « Lénine, c'est certain, se heurta à une sérieuse opposition. (...) Ainsi Staline entra pour la première fois au Comité central par la petite porte. » On voit bien que le Géorgien était parfaitement étranger à sa propre ascension et, depuis son exil, découvrait les stratégies après coup.

Staline reçoit l'ordre de s'évader et rejoint Lénine et sa femme en Pologne, à Cracovie. Leur amitié devient très forte à ce moment. La mission principale de Staline en 1912 est de lancer la *Pravda*, qui sera le journal officiel des communistes. Lénine l'impose donc dans la rédaction du nouveau journal. Cependant, depuis la Pologne, Lénine constate avec effarement que son protégé n'adopte pas la ligne éditoriale qui lui conviendrait. C'est pour cela qu'il convie Staline chez lui, à Cracovie, pour régler leurs différends. Nadia Kroupskaïa résuma simplement la situation : « Ilitch s'irritait alors à propos de la *Pravda*. Staline aussi s'irritait. Ils s'entendirent sur la manière d'arranger l'affaire. »

L'intimité naissante des deux hommes et

leur goût commun pour la bonne nourriture met fin aux désaccords. Lénine peut ainsi lui donner un nouveau surnom : *mon merveilleux Géorgien*. D'après Trotski, ce n'est pas si flatteur que ça en a l'air : « Il avait en vue non pas proprement le Géorgien, mais le Caucasien : sans aucun doute, l'élément de primitivité séduisait Lénine ; ce n'est pas pour rien qu'il avait une attitude aussi tendre envers Kamo[41] ».

S'il a recours, en cette époque, à de nombreux surnoms pour désigner son apprenti révolutionnaire, Lénine, en revanche, connaît mal son identité réelle. Dans le monde de la clandestinité, rares sont les camarades à dévoiler leur vrai nom. En 1915, qui est pourtant une date assez avancée, le chef bolchevik écrit à son entourage : « Grande question – trouver le nom de famille de Koba (Iossif Dj... ? J'ai oublié) ».

Lorsque la Révolution de Février 1917

---

[41] Kamo, de son vrai nom Simon Ter Petrossian (1882-1922) est un révolutionnaire arménien qui a rapidement rejoint Staline pour mener des expropriations à travers le Caucase. Il est connu pour son implication dans le braquage de la banque de Tiflis.

éclate, Lénine dirige le Parti depuis la Suisse ; Trotski et Boukharine sont à New York. Staline, lui, revient de son exil sibérien. On l'installe à nouveau dans la rédaction de la *Pravda*, et on lui confie aussi la direction du Parti à Petrograd (Saint-Pétersbourg). Il prône le « soutien critique » au gouvernement provisoire de Kerenski, en opposition avec Lénine. Toutefois, quand ce dernier rentre en Russie et publie ses *Thèses d'avril*[42], il change son fusil d'épaule et défend désormais l'idée qu'il faut préparer la Révolution. A partir de cette date, Staline se range derrière toutes les prises de position de son mentor. Il a bien compris que celui-ci détenait le véritable pouvoir. C'est le cas. Pour le remercier, Lénine le coopte encore une fois au comité central, et y parvient, après avoir avancé ces

---

[42] Les *Thèses d'avril* paraissent lors du retour de Lénine à Petrograd en 1917. Il affirme que la Russie se trouve dans une période de transition entre la révolution bourgeoise et la révolution prolétaire. Il prône l'arrêt de la guerre, le pouvoir aux soviets et la fin du gouvernement provisoire. Kamenev et Zinoviev s'opposent à Lénine, qu'ils estiment dépassé par les événements.

arguments :

> Nous connaissons le camarade Koba depuis de nombreuses années. Nous l'avons vu à Cracovie où nous avions notre Bureau. Son activité dans le Caucase a été importante. C'est un bon ouvrier pour toutes les missions de responsabilité.

Après l'été 1917, Lénine est accusé de trahison par le gouvernement qui, affirmant détenir une preuve irréfutable, avance qu'il est financé par les Allemands. Le ministre de la Justice, Vychinski[43], ordonne son arrestation. De nombreux dirigeants bolcheviks sont arrêtés pour être jugés, comme Trotski et Kamenev. Lénine se demande s'il ne devrait pas se rendre pour rétablir son honneur face à un tribunal. Staline, qui sait qu'il risque d'être assassiné, l'en dissuade. Dans cette période de grand danger pour Lénine, Staline s'impose comme son garde du corps privilégié et lui assure une précaire sécurité, en lui dénichant pas moins de cinq

---

[43]Andreï Vychinski (1883-1954), jeune ministre menchevik, ralliera Staline en 1920 et deviendra le principal procureur des Procès de Moscou.

cachettes. « Les contacts avec Lénine passaient essentiellement par Staline », raconte Trotski. Encore une fois, le Caucasien a su se rendre indispensable et efficace, accentuant la confiance que Lénine lui accorde.

Une fois le gouvernement renversé, Lénine fonde le Sovnarkom (Conseil des commissaires du peuple), la plus haute autorité gouvernementale du pays. Il en est le premier président. Il lui faut donc nommer les commissaires pour chaque fonction ministérielle.

Dans l'idée de caser son poulain, il crée le poste de « commissaire aux Nationalités », trouvant que l'origine géorgienne de Staline est un parfait faire-valoir, adjoint à la notoriété qu'il a acquise en rédigeant *Le marxisme et la question nationale*[44]. Les

---

[44] Lénine considérait que l'ouvrage de Staline sur la question nationale était « excellent », ce qu'il écrivit dans une lettre adressée à Kamenev. L'historien Simon S. Montefiore explique : « Ce fut probablement Lénine qui proposa Staline comme commissaire aux Nationalités. Lui aussi [Staline], modestement, refusa, en précisant qu'il n'avait aucune expérience, était trop occupé au comité central et heureux d'être un simple ouvrier du Parti ».

deux hommes ne se quittent plus. Stanislaw Pestkovski, associé de Staline au commissariat, a relaté cela dans ses Mémoires : « Lénine ne pouvait rien faire sans Staline, pas même un seul jour (...) Notre bureau au Smolny était placé sous l'égide de Lénine. Dans la journée, il appelait un nombre infini de fois et surgissait dans notre bureau et l'emmenait avec lui. » Faut-il relativiser ce rapport inversé entre Lénine et Staline, dans lequel l'ancien mentor prend désormais en compte l'avis du disciple ? Ce ne serait pas respectueux des faits. Le « Vieux », comme ses camarades le surnomment, paraît plus que jamais admiratif de Staline, qu'il voit comme le thermomètre du peuple. Toutes les grandes décisions, pendant ces jours cruciaux, sont prises avec lui. Lénine, sollicité par Trotski au sujet des négociations avec les Allemands, lui répond : « Je vais m'entretenir avec Staline et je te donnerai une réponse ».

Très vite, le VIIIe Congrès du Parti donne à Trotski et Staline la mission de fonder le Politburo, un conseil politique qui allait détenir le véritable pouvoir exécutif. Les premiers membres élus de ce Politburo sont

Lénine, Trotski, Staline, Kamenev et Krestinski.

Le lien indéfectible qui unit Lénine et Staline permet cette ascension prodigieuse faite de nominations personnelles ou de soutiens appuyés. Mais Staline n'est pas encore au sommet du pouvoir. Pour cela, il lui faut encore être poussé un peu plus haut par ses bienveillants parrains. Le 3 avril 1922, après de longues tractations politiques, Lev Kamenev et Lénine parviennent à placer Staline au poste de secrétaire général du PCUS. Cette décision est cruciale. En effet, l'heureux élu peut désormais se donner l'image du premier des bureaucrates, celui qui incarne le Parti. Il détient également le pouvoir de nomination, ce qui lui permet de se constituer un socle de fidèles. A partir de cette date, son appétit de pouvoir s'aiguise.

On utilise régulièrement le *Testament* de Lénine pour décréter que le chef bolchevik n'a jamais voulu passer le relais à son successeur. Tout d'abord, c'est oublier que Lénine a littéralement créé l'homme politique Staline. Ensuite, c'est négliger le contexte. En effet, en 1922, Lénine a déjà subi plusieurs attaques cardiaques et ne peut plus exercer le pouvoir. Les affaires courantes sont expédiées par Staline à sa demande. Ce que Lénine va véritablement reprocher à Staline, c'est la brutalité qu'il a eu envers sa femme, Nadejda Kroupskaïa, qu'il a ouvertement insultée [45]. Quand Lénine apprend cette histoire, il devient fou de rage et exige des excuses de Staline. Mais celles-ci, peu sincères, ne suffiront pas. C'est cela, et non une prise de conscience politique, qui lui fait rectifier son *Testament* par un post scriptum en 1923 :

> Staline est trop brutal, et ce défaut, pleinement supportable dans les relations entre nous, communistes, devient intolérable dans la fonction de secrétaire général. C'est pourquoi je propose aux camarades de réfléchir au moyen de déplacer Staline de ce poste et de nommer à sa place un homme qui, sous tous les rapports, se distingue de Staline par une supériorité - c'est-à-dire qu'il soit plus patient, plus loyal, plus

---

[45] Staline, qui contrôle l'accès à Lénine, a appris que Trotski et Kroupskaïa ont communiqué sans passer par lui. Il injurie la femme du malade, qui s'exclame « C'est la première fois en trente ans que j'entends un mot aussi grossier d'un camarade ».

> poli et plus attentionné envers les camarades, moins capricieux, etc. Cette circonstance peut paraître une bagatelle insignifiante, mais je pense que pour prévenir une scission, et du point de vue des rapports entre Staline et Trotski que j'ai examinés plus haut, ce n'est pas une bagatelle, à moins que ce ne soit une bagatelle pouvant acquérir une signification décisive.

Dans son *Testament*, écrit en 1922, il ne désigne personne comme son héritier. Il s'inquiète du manque de prudence dont peut faire preuve Staline, qui « a concentré un pouvoir immense entre ses mains » (la faute à qui ?). Son opposition avec Trotski pourrait, selon Lénine, conduire à une scission. Il passe en revue les autres dirigeants – Zinoviev, Kamenev, Boukharine et Piatakov – mais, sans nommer l'un plutôt que l'autre, se contente d'énumérer leurs qualités et leurs défauts. Il laisse donc la porte ouverte à la lutte politique pour le pouvoir qui va marquer les années 1920.

Alfred Rosmer, trotskiste ayant fondé la Troisième Internationale, nous explique pourquoi le *Testament* de Lénine n'a pas empêché Staline de prendre le pouvoir :

> Ces " notes " ne furent connues d'abord et pendant plus d'une année que de deux personnes : de la secrétaire à qui Lénine les avait dictées, M. Voloditchéva, et de la compagne de Lénine, N. Kroupskaïa, qui les tint soigneusement enfermées aussi longtemps qu'il fut possible de garder l'espoir, sinon d'une guérison, du moins d'une atténuation du mal... Lénine mourut le 21 janvier 1924. Kroupskaïa remit alors le Testament au secrétariat du Comité central du Parti communiste russe pour qu'il soit, selon la volonté de Lénine, communiqué au prochain congrès du Parti, le treizième.
>
> La troïka (Zinoviev, Kamenev, Staline) qui s'était octroyé le pouvoir durant la maladie de Lénine projeta d'abord d'étouffer le document ainsi qu'elle avait projeté d'étouffer l'article dénonçant les méfaits de l'appareil bureaucratique. Sur l'insistance de Kroupskaïa, elle prit les dispositions suivantes : les chefs des délégations provinciales au congrès seraient rassemblés ; Kamenev donnerait lecture du Testament - ce qu'il fit avant la

> séance du 22 mai 1924 ; puis il serait lu ensuite devant chaque délégation séparément ; il serait formellement interdit de prendre des notes pendant les lectures et interdit également de faire une référence quelconque au Testament en séance plénière. Kroupskaïa avait fait remarquer qu'une telle procédure était contraire à la volonté de Lénine ; par l'intermédiaire du Congrès, la question devait être portée devant le Parti ; la troïka s'était montrée irréductible, persistant dans la procédure qu'elle voulait imposer.

Le travail de l'historien Richard Pipes a permis de revoir notre vision sur Lénine. Jusque-là épargné par l'ouverture des archives – qui ont surtout ébranlé l'image de Staline, Beria, Iéjov, Blokhine et consorts – le leader de la Révolution est pourtant la clé pour comprendre le règne suivant. En effet, Pipes démontre preuves à l'appui que Lénine savait pertinemment ce qu'il faisait en promouvant le Géorgien au sommet de l'Etat. Dans *The Unknown Lenin*, qu'il faut impérativement avoir lu, on voit mieux que le stalinisme n'était pas une distorsion du léninisme, mais sa continuation logique.

Toutes les lettres, tous les télégrammes et toutes les notes que Lénine a écrits de 1909 à 1922 démontrent bien plus qu'un fragment de testament à quel point il était lucide et même perspicace au sujet de Staline.

## L'appareil et son incarnation

« La politique est un sale boulot et nous avons tous fait du sale boulot pour la Révolution », affirme Staline. Un tel aveu devrait nous mettre sur la piste. Passé le cynisme apparent, on ne saurait feindre d'ignorer l'argument central, réduit à un mot : *tous*. Ils ont *tous* participé à la Révolution ; ils ont *tous* porté la même idée, même s'ils se sont écharpés sur les nuances et divisés en plusieurs courants ; ils ont *tous* pour cette idée commis des crimes et transigé avec leurs principes ; ils ont *tous* voulu que la Russie devienne telle qu'elle est devenue ; en fin de compte, juger Staline, ce serait *tous* nous juger.

Cet argument est primordial pour comprendre la posture de Staline. Dans tout son parcours, il s'est imposé en tant que représentant de la « ligne commune », l'incarnation du Parti, le simple serviteur d'un appareil. Pour lui, ses actions sont guidées par l'intérêt supérieur du Parti communiste et de l'Etat soviétique. La volonté populaire se confond avec celle du *Vojd* (guide). Partant de là, tout se justifie. L'élimination des dissidences n'est plus un calcul politique, mais le simple accomplissement de la détermination du peuple. C'est le momentum historique qui exige les actes, pas lui.

On retrouve dans l'*Histoire du Parti*, rédigée par Staline et Iéjov, de beaux exemples de cette rhétorique. Le chapitre 9, qui se concentre sur les années 1921 à 1925, c'est-à-dire la montée en puissance du Géorgien dans les instances de pouvoir, est un véritable plaidoyer pour le parti unique. En 1921, le Xe Congrès adopte une résolution de Lénine qui fait du Parti « l'avant-garde du prolétariat » et instaure ainsi son infaillibilité sur la doctrine marxiste. Citons Staline :

> L'ennemi de classe ne dormait pas. Il cherchait à exploiter la pénible situation économique et le mécontentement des paysans. Des émeutes de koulaks,

> organisées par les gardes blancs et les socialistes-révolutionnaires, éclatèrent en Sibérie, en Ukraine, dons la province de Tambov (rébellion d'Antonov). On assista a une recrudescence d'activité de tous les éléments contre-révolutionnaires : menchéviks, socialistes-révolutionnaires, anarchistes, gardes blancs, nationalistes bourgeois. L'ennemi recourut à une nouvelle tactique de lutte contre le pouvoir des Soviets. Il se camoufla en empruntant les couleurs soviétiques.
> (...)
> Le promoteur de la discussion et de la lutte contre Lénine, contre la majorité léniniste du Comité central, fut Trotski. (...) Par leur politique, là où ils arrivaient à la direction du travail syndical, les trotskistes apportaient dans les syndicats conflits, scission et décomposition. Par leur politique, ils dressaient la masse des ouvriers sans-parti contre le Parti, ils scindaient la classe ouvrière.

Que faut-il entendre ? Que l'ennemi de Staline n'est pas tant Trotski que la division et la scission. D'ailleurs, celles-ci ne sont pas les ennemies de Staline, mais du Parti qu'il incarne. Voici ce qu'il faudrait comprendre de cet argumentaire. En 1921, au moment des faits, le régime est dirigé par Lénine. C'est lui, donc, qui propose deux résolutions qui seront adoptées par la majorité des votants. Que contiennent-elles ? La première touche à l'unité du Parti. Lénine, qui considère que « la discussion avait été un luxe inadmissible », demande la dissolution immédiate de toutes les fractions d'opposition. Pour justifier une telle mesure, il en appelle aux « ouvriers conscients », qui devraient se rendre compte de « ce qu'il y a de nuisible et d'inadmissible dans quelque activité de fraction que ce soit ». Selon Lénine, plus le Parti contient de courants, plus il sera affaibli et en proie aux attaques des contre-révolutionnaires.

La deuxième résolution du leader bolchevik a trait à « la déviation syndicaliste et anarchiste » qui minerait les efforts des révolutionnaires. Dès lors, l'appareil se voit doté de rouages permettant son autoépuration. Les opposants seront nommés plus tard : Lominadzé, Chattskine, Trotski, Radek, Zinoviev, Kamenev, Boukharine, Rykov... Ce n'est pas Staline qui inventa cette machinerie impitoyable une fois au pouvoir : tout était lancé avant la mort de Lénine par les bolcheviks eux-mêmes. C'est cette machine qu'ils conçurent de leurs mains qui les broya. Staline justifie de ce fait leur épuration :

> Les uns comme les autres étaient étrangers au marxisme, au léninisme.
> Le Parti dénonça et isola les premiers et les seconds. (…) Une telle résistance à la politique du Parti rappelait une fois de plus la nécessité de l'épurer de ses éléments instables. C'est dans ces conditions que le Comité central accomplit un important travail de renforcement du Parti, en organisant son épuration en 1921. L'épuration se fit avec la participation des sans-parti, dans des réunions publiques. Lénine avait recommandé de chasser du Parti « les filous, les communistes bureaucratisés, malhonnêtes, mous, et les menchéviks qui ont "repeint façade" mais qui, dans l'âme, sont restés des menchéviks ».
> Au total, on exclut par l'épuration jusqu'à 170 000 personnes, soit environ 25% de tout l'effectif du Parti. L'épuration fortifia considérablement le Parti, en améliora la composition sociale, renforça la confiance des masses à son égard, éleva son autorité. La

cohésion et l'esprit de discipline augmentèrent.

Ce texte est celui qu'un disciple fait pour son maître, Lénine. S'il est vrai que Staline a fait reposer son autorité sur la défense de l'héritage léniniste, avec moult abus et déformations, il est aussi vrai que Lénine marqua de son empreinte le futur règne de Staline, notamment par cette idéologie du parti unique qui ne souffre aucun débat, même en interne. A l'automne 1923, Staline entre en guerre ouverte contre Trotski. L'enjeu du conflit ne porte pas sur le fond des idées, mais sur l'existence même d'idées alternatives. « Une seule chose les intéressait : profiter de l'absence de Lénine pour reconstituer les fractions au sein du Parti et ébranler les fondements du Parti », affirme Staline.

Quand Lénine meurt en janvier 1924, Staline se pose en héritier légitime. Lors du Congrès des soviets, il jure « d'accomplir avec honneur » la volonté de Lénine, qu'il s'empresse de définir : préserver l'unité du Parti et affirmer la dictature du prolétariat. Premier des apparatchiks[46], il a donc joué

---

[46] Le mot *apparatchik* désigne un membre de l'appareil étatique, et par extension un

la partition du compositeur bolchevik.

A l'automne 1924, Trotski publie ses *Leçons d'octobre* dans lesquelles il attaque frontalement la direction prise par le Parti. Pour Staline, on ne le vise pas personnellement, mais encore une fois, c'est l'unité du parti chère à Lénine qui est attaquée. Une seule solution, donc : « enterrer le trotskisme en tant que courant idéologique ». La même logique s'abat ensuite sur Sokolnikov, Zinoviev et Kamenev lors du XIVe Congrès du Parti. « L'importance historique du XIVe congrès du Parti communiste de l'URSS, dit Staline dans *Les questions du léninisme*, c'est qu'il a su mettre à nu jusqu'à la racine les erreurs de la nouvelle opposition ; il a rejeté bien loin de lui le scepticisme et les lamentations de cette opposition. »

La grande question, donc : est-ce Staline qui s'est appuyé sur les courants du Parti pour construire une stratégie politique ou est-ce, à l'inverse, les bolcheviks qui, faisant de l'indivision du Parti un argument sacré, se sont appuyés sur le secrétaire général

---

bureaucrate qui use de sa position au sein du régime pour défendre ses propres intérêts.

afin d'éliminer leurs opposants politiques ?
Pour comprendre cela, évoquons le parcours de Grigori Zinoviev. Il fait partie des « socialistes de l'étranger » aux côtés de Lénine, voyageant entre Londres, Genève, Cracovie, Berne... Bras droit de Lénine pendant les années qui séparent 1905 et 1917, il s'oppose néanmoins au soulèvement armé et à la scission d'avec les mencheviks. Sa vision reste toutefois celle d'un pur bolchevik : il donne l'ordre de tuer de nombreux nobles en 1919 ; il organise le procès de l'Eglise orthodoxe qui se conclut par la mort et la déportation de nombreux chrétiens ; et se déclare favorable aux purges dans la société. C'est à lui que l'on doit ces mots terribles : « Sur les cent millions d'habitants que compte la Russie soviétique, nous devons en entraîner avec nous quatre-vingt-dix millions. Quant au reste, nous n'avons rien à en dire. Ils doivent être réduits à néant. »
Grigori Zinoviev, nommé au Politburo en 1921, apparaît comme l'héritier légitime de Lénine. Il bénéficie d'une redoutable alliance avec Lev Kamenev, président du Comité central (chef de l'Etat) et aussi membre du Politburo. Malgré leur opposition récurrente à la vision de Lénine,

les deux hommes partagent avec lui la volonté d'écarter Trotski. En 1922, Staline est nommé secrétaire général du PCUS, une fonction créée sur mesure pour « placer » le bras armé de Lénine. Zinoviev et Kamenev comprennent l'intérêt qu'ils ont de s'allier avec lui. C'est ainsi que naît la fameuse troïka de 1923. Notons qu'à cette date, Zinoviev est bien mieux placé que Staline dans les jeux de pouvoir. Il l'est d'autant plus en 1924, quand Lénine décède, car les tensions internes explosent et Staline se voit menacé. Kamenev décide de lui venir en soutien afin de le maintenir au poste de secrétaire général.

Les derniers événements augmentent les tensions entre Zinoviev et Kamenev, même si leur alliance demeure intacte. Quand Trotski fait paraître les *Leçons d'octobre* (1924), évoquées plus haut, Zinoviev est le plus radical : il veut exclure le chef de l'Armée rouge du Parti. Il déclare, intransigeant, que « les fautes sont les fautes ». Tel un enquêteur politique, il met en lumière des lettres et articles qui pointent les désaccords et les conflits qui ont jadis opposé Lénine et Trotski. « De plus en plus, dans les coins, on fouilla le passé, se souvient Trotski dans ses

Mémoires. Cela devint la spécialité de Zinoviev ». Qui s'oppose à l'éviction de Trotski ? C'est (étonnamment) Staline, qui pense alors que la modération doit primer.

Après la marginalisation politique de Trotski, Kamenev, le principal allié de Zinoviev, voit monter une nouvelle menace : l'aile droite du Parti, qui devient majoritaire. Ses représentants (Rykov, Boukharine, Tomski) se rapprochent dangereusement de Staline. Kamenev décide donc de demander la destitution de son ancien protégé, qui occupe le poste de secrétaire général du Parti. Accusés de trotskisme, Kamenev et Zinoviev renforcent en parallèle leurs attaques contre Trotski, pourtant déjà abattu politiquement, afin de donner des gages de loyauté au régime. Les membres de l'appareil, pas dupes, comprennent à ce moment que Staline était le « plus solide de ses représentants » - et c'est Trotski qui le dit !
Les deux anciens de la troïka – Zinoviev et Kamenev – rallient à leur cause Sokolnikov et la veuve de Lénine, Nadejda Kroupskaïa. Mais il est trop tard : le jeu politique est fait. « Leur tour était venu », observe impassiblement Trotski. Lors du Congrès

suivant, en 1925, Trotski reste silencieux face aux attaques que subissent ces deux hommes, ceux-là même qui ont contribué à sa chute. Cependant, marginalisés à leur tour, Zinoviev et ses alliés parviennent finalement à conclure un pacte avec Trotski pour former « l'opposition unie ».

Staline et la majorité bolchévique décident d'exclure Zinoviev et Trotski du Parti en 1927, et Kamenev quitte le comité central la même année. Pendant presque dix ans, ces opposants vont mener un long chemin de croix pour revenir au pouvoir, ou pour fuir les condamnations, mais ils vont finir par être victimes des Purges à partir de 1936. Il faut donc se rendre à l'évidence : Zinoviev et son acolyte ont été les initiateurs de stratégies politiques dont le but était d'évincer Trotski, puis d'éliminer l'aile droite. Ils ont ensuite perdu le contrôle. Leur erreur a été d'avoir fait de Staline le « juge neutre » symbolisant le centre du Parti. Quand les droitistes nouèrent une alliance avec Staline, Zinoviev et Kamenev perdirent donc toute autorité. Ils avaient accepté la règle du jeu. C'est d'ailleurs ce que rappelle cyniquement Staline lors du XVe Congrès, lorsqu'il voudra exclure Kamenev :

> N'est-il pas un fait que nous tous, y compris Kamenev, avons expulsé Myasnikov ? Pourquoi ? Parce que ses vues menchéviques étaient incompatibles avec les vues du Parti. N'est-il pas un fait que nous tous, y compris Kamenev, avons expulsé une partie de l'opposition ouvrière ? (…) Pourquoi Ossovski et Dashkovski ont-ils été expulsés du Parti ? Pourquoi Maslow, Ruth Fischer, Katz et d'autres ont-ils été expulsés du Komintern ? Notre Parti ne serait pas un parti léniniste s'il permettait l'existence d'éléments anti-léninistes.

Nous retrouvons ici l'argument maître de Staline : le pouvoir de « *tous* » sur les actions du Parti. Il accentue cette rhétorique en incluant sa cible politique nouvelle dans les décisions précédentes : « tous, y compris Kamenev ». Que faut-il entendre ? Staline rappelle à son rival qu'il emploie les mêmes armes que lui-même avait consenti à employer quelques mois auparavant. Cet argument n'est pas dénué de fondement : ce sont les bolcheviks dans leur ensemble qui doivent être blâmés, car ils ont été à l'origine de la logique des purges politiques à répétition. Avant d'être tout-puissant, Staline ne fut que le jouet des chefs de la Révolution. Son arrivée au pouvoir n'est pas le fruit d'une stratégie brillante, mais l'enchaînement de luttes intestines dans lesquelles il servait de symbole du Parti.

Léon Trotski ne s'émeut pas particulièrement de la défaite de l'opposition Zinoviev-Kamenev, en laquelle il n'a jamais vraiment crue. L'ironie de l'histoire veut qu'il porte le même regard que Staline sur ces deux politiciens qui jonglent avec leurs alliances. « Ils n'avaient pas calculé, raille Trotski, que quand on commet une double trahison, on en finit politiquement avec soi-même. Si, par leur coup de poignard dans le dos, ils ont temporairement affaibli notre groupe, ils se sont condamnés eux-mêmes à la mort politique ».

L'éviction du bloc de droite, en 1929, est la première véritable opération politique menée par Staline qui ne s'inscrit pas dans ce schéma. En effet, Staline est alors le maître incontesté du Parti ; il n'est plus le centre de gravité entre plusieurs courants.

Le schéma est alors celui plus traditionnel du gouvernement et de son opposition. Boukharine – dont nous parlerons plus tard – est au sommet du pouvoir entre 1926 et 1929. Il veut se rapprocher de Kamenev pour évincer Staline. Ces entretiens, en juillet 1928, ont été consignés dans les notes de Kamenev et rapportés par Sokolnikov : « Ne comprenez-vous pas, dit Boukharine à ses interlocuteurs, qu'à présent je laisserais tomber Staline pour Kamenev et Zinoviev ? ». Il propose une alliance qui comprendrait Zinoviev, Kamenev, Tomski, Rykov, Sokolnikov et lui-même, qui pourrait renverser « les Staliniens ». Or, tout ce combat est perdu d'avance. Pourquoi ? Parce que désormais Staline a compris la clé de la réussite politique : changer d'opinion en fonction des vents favorables. Boukharine le relève sans en tirer les conséquences : « [Staline] change de théorie selon la personne dont il entend se débarrasser sur le moment ».

La sévérité de Staline, couplée à ce savoir stratégique nouvellement acquis, fait défaut à ses opposants. Adolf Joffé, dans la lettre qu'il adresse à Trotski avant de se donner la mort, explique à ce dernier ce qui lui manquait pour l'emporter politiquement : «

J'ai toujours considéré que ce qui vous manquait, c'était l'intransigeance, l'opiniâtreté de Lénine (...) Le gage de la victoire de votre justesse d'idées est précisément dans le maximum d'intransigeance, dans la plus rigoureuse continuité, dans la complète absence de tout compromis ».

Disons-le sans détours : les bolcheviks se sont perdus eux-mêmes, dans un naufrage collectif. Plaçant le Parti au-dessus de tout, ils ont donné à un homme le pouvoir d'éliminer des opposants qui ne leur convenaient pas. Quand cet homme s'est retourné contre eux, porté par d'autres forces politiques, ils furent démunis. Finalement, plus personne ne put s'opposer à cet appareil de broyage politique qui n'avait aucun regard pour les habiletés stratégiques et les tractations de couloir. Staline était assis à la place du conducteur d'un train sans commandes, sans frein, un train conçu par Lénine pour éliminer à grande échelle tous ceux qui aspiraient à en prendre le contrôle.

# Les bolcheviks et la terreur politique

« Le meilleur moyen de faire taire un homme, c'est de lui mettre une balle dans la tête. » Ce conseil provient de Félix Dzerjinski, révolutionnaire bolchevik et fondateur de la Tcheka. Surnommé « Félix de fer », cet homme est choisi par Lénine dès 1917 pour combattre les « ennemis de l'intérieur » et les saboteurs. Dès 1918, il s'éloigne de Lénine et se rapproche de Trotski, dont il partage les idées politiques. Avec sa milice, il supprime la liberté de la presse et dissout tous les partis politiques. Pendant la guerre civile, il se fait remarquer par son goût pour la torture, les exécutions et la répression de masse. C'est également lui qui, désormais allié à Staline, transforme la Tcheka en Guépéou.

Son parcours permet de comprendre que l'épuration politique du Parti n'est pas une création de Staline, même s'il en fut par la suite le principal organisateur. La première purge a lieu en 1919. Les bolcheviks, à la demande de Lénine, excluent 150 000 membres de leurs rangs, qu'ils remplacent par 160 000 nouvelles recrues, sélectionnées avec soin. Deux ans plus tard, en 1921, le Parti procède à une autre purge, qui touche 410 000 membres (soit 56 % du total). Les membres du comité central en sont les instigateurs.

L'année suivante, en 1922, Lénine (encore lui!) demande au chef de la police bolchévique – Félix Dzerjinski – de déporter des dizaines d'intellectuels et leurs familles vers la Pologne. Parmi eux, on retrouve le philosophe Nicolas Berdiaev. Léon Trotski, bien loin de s'y opposer, donne son aval. Son point de vue est tel : « Il n'y avait pas de prétexte pour fusiller ces personnes, mais il n'était plus possible de les supporter... » La même année a lieu le procès politique des socialistes-révolutionnaires (SR) de droite, dont leur leader, Avram Gots[47].

Douze d'entre eux sont condamnés à mort, avant que la peine ne soit commuée en prison et en exil. Trotski demande qu'ils

---

[47] Avram Gots (1882-1937 ou 1940) est un leader du Parti socialiste-révolutionnaire (SR) membre du soviet de Petrograd après la révolution de Février, mais qui s'opposa à la révolution d'Octobre quelques mois plus tard, entrant en résistance armée contre les bolcheviks.

soient tués, pour une raison très simple : il craignait que cela n'entraîne des actes terroristes contre les membres du Parti. « Se borner à des peines de détention, dit-il dans *Ma vie*, même pour de longues années, c'eût été simplement encourager les terroristes ». Le procès est une grossière mise en scène. Le bolchevik Gueorgui Piatakov prévient : « La cour n'a pas l'intention de traiter l'affaire d'un point de vue détaché et objectif, mais sera uniquement guidée par les intérêts du gouvernement soviétique. » Ce sont les bolcheviks qui assurent l'accusation comme la défense. Nikolaï Boukharine, censé incarner la défense, participe aux manifestations qui réclament la mort pour les accusés.

Le 21 décembre 1920, Kropotkine avait déjà bien saisi la nature du bolchévisme, lorsqu'il écrit une lettre à Lénine concernant les prises d'otage qui se multiplient :

> N'y a-t-il vraiment personne auprès de vous qui rappellera à vos camarades et les persuadera que de telles mesures représentent un retour à la pire période

> du Moyen-Âge et des guerres de religion, et que c'est tout à fait désolant de la part de personnes qui ont pris sur elles la création d'une société selon les principes communistes ?

Voici le tableau du bolchévisme avant l'arrivée de Staline au pouvoir. Si l'on ignore cela, on ne peut pas comprendre la suite. On ne peut voir qu'un bourreau et ses victimes. Or, il s'agit d'une machinerie idéologique qui réclame du sang et de l'ordre et qui a été conçue par tous les membres du Parti bolchevik. Faut-il s'étonner que toutes les parties du procès des SR de droite, sans exception – accusation et défense – aient été par la suite victimes des Grandes Purges ?

Prenons l'exemple de Nikolaï Boukharine. Membre du Parti bolchevik depuis 1906, il s'impose rapidement comme l'intellectuel incontournable. Lénine lui prédit un grand avenir. Il le surnomme « l'enfant chéri du parti » après qu'il a imposé la nouvelle politique économique (NEP). Lorsqu'il rédige son testament en 1922, Lénine le préfère de loin à Staline, Zinoviev, Kamenev ou Trotski. « Boukharine n'est pas seulement le théoricien le plus précieux et le plus important du Parti, il est aussi légitimement considéré comme le favori de tout le Parti. »

Politiquement, Boukharine a du mal à concrétiser sa notoriété. Il est au Politburo depuis 1919 mais doit attendre 1925 pour imposer son courant politique, celui des droitiers. Allié de circonstance avec Staline en 1926[48], dans le but d'écarter Zinoviev et Kamenev, il est l'un des principaux dirigeants pendant quelques temps. La droite bolchévique contrôle le gouvernement grâce à Rykov, les syndicats grâce à Tomski, la presse et l'internationale communiste avec Boukharine. Cependant, sa disgrâce est brutale à partir de 1929. Tantôt rejeté, tantôt accepté, jusqu'en 1934, il est finalement emprisonné lors des Grandes Purges.

Staline est le responsable de la chute de Boukharine[49]. Il s'est pour cela appuyé sur deux membres du Politburo qui voulaient en finir avec l'intellectuel : Kalinine et

---

[48]C'est Boukharine qui théorise le « socialisme dans un seul pays » qui deviendra le mantra de Staline.
[49]Lire mon premier roman, *Le Soleil de Katinka* (2013)

Vorochilov. Cela a permis de mettre fin à la politique de droite, la NEP, l'incitation à l'enrichissement des paysans et la théorie d'un « socialisme à pas de tortue ». Encore une fois, on ne peut pas voir ici une brillante stratégie mais la simple exécution d'une logique d'épuration constante. Nikolaï Boukharine a d'ailleurs toujours soutenu cette logique. Lorsqu'il est en prison, il rédige une « lettre à Koba », dans laquelle il reconnaît la primauté du Parti sur les individus qui le composent. Voici ses mots :

> Il y a *la grande et audacieuse idée* de purge générale a) en relation avec la menace de guerre, b) en relation avec le passage à la démocratie. Cette purge touche a) les coupables, b) les éléments douteux, c) les potentiellement douteux. Elle ne peut évidemment pas me laisser de côté. Les uns sont mis hors d'état de nuire d'une façon, les autres d'une autre façon, les troisièmes, encore différemment. De cette manière, la direction du Parti ne prend aucun risque, se dote d'une *garantie totale*.
>
> Je t'en prie, ne pense pas qu'en raisonnant ainsi avec moi-même, je

> t'adresse quelque reproche. J'ai mûri, je comprends que les *grands* plans, les *grandes* idées, les *grands* intérêts sont plus importants que tout, que ce serait mesquin de mettre la question de ma misérable personne sur le même plan que ces intérêts *d'importance mondiale et historique,* qui reposent avant tout sur tes épaules.

Dans quelle mesure peut-on croire à la sincérité de la lettre ? N'y a-t-il pas là une simple repentance écrite sous la torture, dans le but évident de sauver sa peau ? Absolument pas. Boukharine reconnaît sa duplicité politique – donc sa culpabilité – mais il nie les autres chefs d'accusation (les tentatives d'assassinat contre Lénine, Sverdlov et Staline, l'assassinat de Kirov, la complicité avec les pays étrangers). Il ne demande pas de pardon ni de grâce, mais réclame même la possibilité de mourir sans douleur, avec l'aide de la morphine. Autres solutions selon lui : l'exil en Amérique[50] ou le goulag pendant 25 ans.

---

[50] Nikolaï Boukharine appuie cette solution en proposant de se rendre utile : « Je ferai campagne sur les procès, je mènerai une lutte à

Boukharine, quelques mois plus tôt, avait néanmoins cherché à se défendre. Dans sa *Lettre à la génération future des dirigeants du Parti* (février 1937), il s'attaque vertement à la « machine infernale » aux « méthodes moyenâgeuses » ; au NKVD, cette « organisation dégénérée de bureaucrates sans idéaux » dont le seul objectif est d'alimenter la « méfiance maladive de Staline » ; et s'indigne d'être traité de traître, alors que le rouge du drapeau communiste compte « une goutte de [son] sang ». Cette colère, adressée en interne, était le dernier coup possible pour lui : ou Staline, ou lui. La lettre de février peut sembler plus sincère que celle adressée au Tsar rouge, quelques mois plus tard. Entre temps, le contexte a changé. Boukharine a rédigé et signé une déposition à la Loubianka où il doit détailler ses vues « anti-léninistes », ses « tactiques de double jeu », sa volonté de créer un « bloc contre-révolutionnaire »... Bref, un document humiliant et grotesque où, à la première personne, il se décrit comme un personnage machiavélique dont le but ultime serait la destruction de l'URSS.

---

mort contre Trotski ».

Il n'en demeure pas moins que Boukharine, fossoyeur du bloc de gauche, a toujours été un adepte de la terreur politique. Il suffit, pour s'en convaincre, d'éplucher quelques écrits anciens. En 1922, dans son article *Les prisonniers politiques*, ne disait-il pas : « Le prolétariat veut la liberté des hommes qui défendent sa cause. Et il veut aussi le droit de mettre sous les verrous les hommes dont l'activité constitue un danger pour sa cause. » Evoquant les opposants menchéviks, il reconnaît que tous ne sont pas des obstacles à la Révolution, « mais ces nuances nous importent peu ». Pour lui, la liberté n'est qu'une illusion bourgeoise tant qu'elle ne s'applique pas à toutes les classes[51], ce qui donne le droit et le devoir à l'Etat de « combattre avec toute la vigueur de son appareil de coercition le front unique de ses ennemis ».

Onze ans plus tard, il signe une incroyable charge contre son propre courant politique, qu'il intitule *Contre l'opposition de droite*.

---

[51] Ce n'est pas le seul argument contre la démocratie avancé par Boukharine. Par exemple, contre l'opposition de gauche, il affirme à Léon Trotski qu'il « n'y a pas de démocratie parce que nous avons peur de vous ».

Le succès du régime, à en croire cet ovni rédactionnel, est l'unité de ce Parti monolithique, formée autour de ses chefs, et la « discipline de fer » qui règne. L'ancienne opposition de droite, menée par lui-même, auteur de ces lignes, était « un boomerang contre le régime » qui s'est retourné contre son lanceur. La conclusion pourrait être écrite par Staline en personne : « Tous ces groupements désorganisateurs doivent être combattus avec la dernière énergie, sans considérations sentimentales sur leur passé, sur l'amitié personnelle, les relations, sans considérer l'homme en tant que tel ». Boukharine creusait alors sa propre tombe.

On a souvent interprété la fin de vie de Nikolaï Boukharine comme une piteuse conséquence du syndrome de Stockholm. L'amour de la victime pour son bourreau. Voire le « stalinisme inconscient », pour reprendre l'expression d'Alexandre Sumpf. Je penche pour ma part, au regard du parcours de Boukharine, pour un « bolchévisme conscient » jusqu'à l'article de la mort. Il y a chez cet homme une forme d'honnêteté et un certain courage pour admettre que la logique d'épuration qu'il a toujours soutenue s'applique à présent à son propre cas.

Alors que Kamenev a voulu sauver sa peau, Boukharine ne cherche pas à fuir la machine destructrice que son Parti a créée, au contraire, il est fier de se plier devant sa force : « Je me prépare intérieurement à quitter cette vie, et je ne ressens, envers vous tous, envers le Parti, envers notre Cause, rien d'autre qu'un sentiment d'immense amour sans bornes. » Bien entendu, il a accepté de jouer cette comédie de repentance seulement sa défaite consommée. Qu'aurait-on dit s'il avait su rallier à sa cause Nikolaï Iéjov, chef du NKVD, ou Staline lui-même ? Peut-être que Vorochilov et Kaganovitch, ses ennemis, auraient été à sa place, écrivant et signant des dépositions lunaires pour expliquer leur duplicité.

Tous les bolcheviks ne partagent pas ce penchant morbide pour la terreur. Le meilleur exemple est celui de Fiodor Raskolnikov, un amiral bolchevik sincère qui fuit les Grandes Purges en 1939 et qui se réfugia à Paris. Il rédigea une longue lettre ouverte à Staline dans laquelle il exprime avec vigueur son refus de la politique de terreur :

> Ayant remplacé peu à peu la dictature du prolétariat par votre dictature personnelle, vous avez ouvert une nouvelle étape qui, dans l'histoire, s'appellera la « terreur » (...) Au moyen d'ignobles faux, vous avez mis en scène des procès où l'absurdité des accusations dépasse ce que vous avez appris dans les manuels de votre séminaire sur les procès en sorcellerie du Moyen-Âge (...) Vous avez calomnié, déshonoré et fusillé ceux qui, pendant de longues années, furent les compagnons de Lénine.

D'aucuns pourraient y déceler une naïveté quant à la vraie nature du bolchévisme, qui frappait le pays depuis plus de vingt ans. Mais nous pouvons aussi comprendre ce discours de vérité comme un acte de bravoure et de résistance. Raskolnikov mourut quelques semaines plus tard à l'hôpital de Nice dans des circonstances plus que suspectes.

Le bolchévisme, nous l'avons vu, s'appuie sur les théories marxistes. En ce qui regarde la terreur politique, tout était déjà écrit au siècle passé. Aucune dictature du prolétariat ne peut avoir lieu sans violence. La Révolution devant être permanente, selon Marx, il faut donc combattre l'ennemi rampant sans relâche, pour éviter la reconstitution d'une nouvelle classe dominante. Le théoricien allemand reproche à la Commune de Paris d'avoir été trop molle à l'encontre de la réaction versaillaise. Engels, qui partage cette analyse, a notamment dit en 1873 :

> Une révolution est certainement la chose la plus autoritaire qui soit, c'est l'acte par lequel une fraction de la population impose sa volonté à l'autre au moyen de fusils, de baïonnettes et de canons, moyens autoritaires s'il en est ; et le parti victorieux, s'il ne veut pas avoir combattu en vain, doit continuer à dominer avec la terreur que ses armes inspirent aux réactionnaires.

La filiation intellectuelle entre Marx-Engels et Lénine est directe. Le second embrasse avec ardeur les leçons « scientifiques » des premiers. Grigori Zinoviev, dans la *Correspondance internationale*, en 1927, a réfléchi à la doctrine guerrière léniniste. Pour lui, ça ne fait aucun doute, « la doctrine de Lénine quant à la guerre repose des deux pieds sur le sol du marxisme. Lénine a su génialement appliquer la doctrine générale de Marx et d'Engels dans la question de la guerre à une nouvelle période de l'histoire humaine ». Trotski fut aussi un grand adepte de ce Père et ce Fils spirituels, et peut-être se voyait-il comme leur continuateur. Dans *Ma vie*, il affirme que « Marx et Lénine qui sont, historiquement, si étroitement liés, et en même temps si différents, furent pour moi deux sommets de la puissance spirituelle de l'Homme ».

La troïka qui arriva au pouvoir en 1917 (Lénine, Trotski, Staline) est la frange la plus déterminée du bolchévisme.

Au moment de la Révolution, Léon Trotski a montré par plusieurs votes qu'il ne se ralliait pas aux modérés Kamenev et Zinoviev, et qu'il comptait bien renverser le pouvoir bourgeois par tous les moyens. L'intellectuel aux lunettes rondes déclara lors d'Octobre 1917 : « Le temps des phrases est passé. Est venue l'heure d'un duel à mort entre la révolution et la contre-révolution ». Quand les mencheviks de Martov s'opposèrent à la prise du Palais d'Hiver, Trotski s'emporta contre eux : « Vous êtes des pauvres types qui avaient fait banqueroute ! Allez où est votre place : dans les poubelles de l'Histoire ! ». Avant d'être le symbole d'une gauche éclairée, Trotski montra aussi son acceptation des exécutions sommaires. Face aux mises en garde qu'il reçoit sur l'épuration en cours, il rétorque : « Nous devons mettre fin une fois pour toutes au bavardage papiste et quaker sur le caractère sacré de la vie humaine ». En résumé, s'il ne prend pas la parole contre la terreur révolutionnaire, c'est qu'il n'y a pas besoin de la légitimer. « Si on essayait de la justifier, c'est donc que l'on tiendrait compte de l'opinion des accusateurs. Or, qui sont-ils ? », demande-t-il avant de citer les Occidentaux, les bourgeois et les ennemis du peuple.

Lénine, quant à lui, est le plus convaincu des trois par la nécessité de faire couler du sang. Il suffit de lire ses notes prises lors de la Révolution pour comprendre son mot d'ordre : abattre, pendre, tuer, fusiller tous ceux qui s'opposeront au coup d'Etat. Quand il décide de créer la Tcheka, le bolchevik Isaac Chteinberg se montre sceptique face à ce qu'il appelle « le commissariat à l'Extermination sociale ». Lénine répond sans sourciller que ce sera exactement la mission de cette nouvelle entité. Autre illustration de la méthode léniniste, sa réaction pleine de rage face à la lenteur du coup d'Etat. Nikolaï Podvoïski, commandant en charge de la prise du Palais d'Hiver, s'en souviendra toute sa vie : « Il était prêt à nous faire fusiller ». Lénine devint également blême lorsqu'il entendit Kamenev et Trotski proposer l'abolition de la peine de mort après Octobre : « Quelle imbécillité ! Comment peut-on faire une Révolution sans fusiller de gens ? » En interne, aussi, Lénine ne tolère pas la division et s'emporte contre les débatteurs, qu'il n'hésite pas à écarter. Lors d'un vote, quelques jours avant la Révolution, soudés autour de Kamenev, cinq membres du comité central s'opposent au coup de force. Malgré le résultat, Lénine les insulte de « misérables traîtres », menace de démissionner, demande leur exclusion, avant de les accabler de lettres qui les

« menaçaient des pires châtiments » selon le souvenir de Boukharine.

> Kamenev et Zinoviev ont trahi le comité central ! J'exige l'exclusion de ces deux briseurs de grève ![52]

Staline, pour sa part, a toujours partagé l'idée que l'épuration politique permettait de dénicher les traîtres, démasquer les espions, déjouer les complots. Au cœur de la Révolution, lui aussi multiplia les déclarations martiales et menaçantes. Quand les bolcheviks estoniens lui proposèrent de liquider les traîtres, il répondit : « Un camp de concentration, excellente idée ». La purge politique servait selon lui à régénérer le Parti et sa force.

Sa préoccupation de l'ennemi intérieur était affermie par l'expérience : au cours de sa jeunesse, il avait découvert de nombreux agents provocateurs de l'Okhrana qui

---

[52]Trotski se prononça en faveur de l'exclusion des deux hommes. Staline, lui, se montra modéré en refusant de perdre ces précieux bolcheviks ; il présenta sa démission, qui fut rejetée. Kamenev fut exclu temporairement.

tentaient de saborder la Révolution. Aussi, le cas Malinovski l'avait échaudé. En effet, la trahison de ce bolchevik et agent double, en qui il avait une immense confiance, lui a valu quatre ans d'exil en Sibérie (1914-1917), à Touroukhansk, dans des conditions extrêmement difficiles.

En 1915, méditant sa vengeance dans le froid de Monastyrskoe, il déclare à un camarade : « Mon plaisir le plus grand est de choisir une victime, de préparer un plan minutieusement, d'assouvir une vengeance implacable et ensuite aller me coucher ». Une fois au pouvoir, Staline garda cet état d'esprit.

Nous arrivons enfin à cette conclusion, que Staline ne fut pas le stratège ingénieux et taiseux que l'on aime imaginer, soit parce qu'il nous conforte dans l'idée de sa perfidie, soit parce qu'il permet de blanchir ses victimes bolchéviques. En vérité, Lénine fut le principal bâtisseur du pouvoir stalinien ; il en fut même l'idéologue. La majorité des bolcheviks partageaient ce goût pour l'épuration constante et la ligne commune, certains sont morts en la célébrant. Ceci n'enlève rien à la responsabilité de Staline : il reste et demeure le bourreau de millions de Russes.

Finalement, l'analyse faite par Léon Trotski sur l'arrivée au pouvoir de Staline me semble très pertinente, c'est pourquoi je m'en sers pour terminer mon ouvrage : « Staline représente un phénomène absolument exceptionnel. (...) Il prit possession du pouvoir, non grâce à des qualités personnelles, mais en se servant d'une machine impersonnelle. Et ce n'était pas lui qui avait créé la machine, mais la machine qui l'avait créé ; avec sa puissance et son autorité, elle était le produit de la lutte, longue et héroïque, du Parti bolchevik, qui était lui-même le produit d'idées, elle était le porteur de l'idée avant de devenir une fin en soi. Staline la dirigea du jour où il eut coupé le cordon ombilical qui la rattachait à l'idée et devint une chose, par elle-même. Lénine l'avait créée en une association constante avec les masses, sinon par la parole, du moins par l'écrit, sinon directement, mais avec l'aide de ses disciples. Staline se borna à s'en emparer. »

*Staline sans prisme*

# PARTIE 2

# Entretien avec Olga Konkka
## *Réécrire l'Histoire grâce aux manuels scolaires*

**Olga Konkka,** docteur en études slaves, est chargée de cours en langue et civilisation russes à l'université Bordeaux Montaigne, chercheure associée au Centre d'études des mondes moderne et contemporain (CEMMC). Sa thèse préparée sous la direction de Maryse Dennes et soutenue en 2016 à l'université Bordeaux Montaigne analysa les manuels scolaires d'histoire du XX$^e$ siècle dans la Russie postsoviétique.

**Selon vous, pourquoi Staline est-il enveloppé dans les mythes ?**
Je pense qu'il n'est pas le plus concerné, Lénine est très mythologisé. Le problème pour Staline, c'est qu'il a été effacé de l'historiographie pendant les décennies qui ont suivi sa mort. Lénine a émergé en symbole de sa mort à la fin de l'Union soviétique. Le récit de sa vie a été transmis aux enfants dans des petites scènes, pour la plupart totalement inventées, pour montrer sa simplicité, son honnêteté, sa bienveillance. Les enfants ont grandi en écoutant l'histoire de Lénine.

**Justement, quand on évoque le culte de la personnalité, on parle en majorité de la culture et de la propagande. Ne sous-estimons-nous pas l'influence que peuvent avoir les manuels scolaires ?**
Il faut distinguer deux périodes : avant et après la mort de Staline. Après, il a été totalement absent. C'est une remarquable prouesse de parler de la Seconde Guerre mondiale ou des années 1930 sans ne jamais mentionner Staline. Pour ce qui concerne la période où il a vécu, il faut rappeler que l'Histoire en tant que discipline scolaire et universitaire a été

abolie quelques années après la Révolution. Il faut attendre 1934 pour sa restauration. Un manuel unique pour les lycéens a été publié à la fin des années 1930, celui d'Anna Pankratova, qui a été réédité de nombreuses fois. Le culte de Staline y était présent. Le livre contenait des citations, quelques illustrations et photographies. Un manuel pour l'école primaire sur l'Histoire de l'URSS en tant qu'espace géographique, qui commence à la préhistoire, fait aussi la part belle à Staline et accentue son rôle dans la Révolution et la guerre civile.

**La condamnation mémorielle de Staline a-t-elle aussi touchée ses fidèles : Beria, Molotov, Vorochilov... ?**
Oui, on ne parlait plus du tout de Beria ou même de Trotski. Vorochilov n'était pas associé à une mauvaise politique, donc il fut épargné.

**Trotski était encore condamné comme un ennemi ?**
Avant d'être l'ennemi de Staline, il était considéré comme l'ennemi de l'URSS.

**Combien de temps ces lacunes dans les manuels ont-elles persisté ?**

Dans les années 1970, on voit apparaître un petit paragraphe sur les défauts de la politique soviétique : on affirme que le culte de Staline, le fait de lui avoir attribué tous les mérites, était une erreur. C'est la seule mention qui est faite de lui. L'historiographie était composée de nombreux oublis : les purges, l'oppression, la résistance à la collectivisation, la lutte pour le pouvoir, la division dans l'armée, le protocole Molotov-Ribbentrop, Katyn... Ces faits ne sont pas dans les manuels car ils ne sont pas reconnus du tout.

**Il faut donc attendre la fin de l'Union soviétique et l'ouverture des archives ?**
En 1989 et 1990, avec l'apport de la glasnost, les enseignants refusent les anciens manuels devenus inutilisables. L'examen d'Histoire au baccalauréat est supprimé lors de l'année scolaire 1988 car on ne sait plus sur quoi interroger les élèves. Le grand éditeur d'Etat publie en hâte un complément au manuel qui venait d'être édité pour remplacer les pages sur les années 1920-1930, afin d'introduire l'élimination des opposants dans le programme. On fait appel à l'historien Youri Stepanovitch Borisov, qui a réalisé un

cycle de conférences sur Staline, pour écrire ces pages et répondre à la volonté urgente de mettre en lumière les actions de ce personnage qui réapparaît dans l'Histoire.

## Comment a évolué l'image de Staline depuis les années 1990 ?

A cette époque, le marché des manuels s'ouvre, on supprime le monopole. L'image de Staline est assez critique, mais pas unique. On peut rappeler qu'en 1999, un ouvrage très positif est rédigé pour une première publication en 2000 qui justifie en quelque sorte les purges, qui souligne comment l'appareil d'Etat a été rendu efficace, l'utilité d'unifier le pays en instillant l'idée d'un ennemi dans la société. L'offre est diversifiée dans les années 2000, quand le marché de la littérature scolaire se met en route. Les éditeurs ne sont pas tous d'accord entre eux. Il y a une volonté de satisfaire le consommateur, c'est-à-dire principalement les enseignants et les régions, ce qui explique que l'on trouve de tout. L'Etat commence néanmoins à intervenir. En 2003, il retire son label à un manuel très critique, qui disparaît du marché. En 2007, un livre pour les enseignants est présenté lors d'un congrès organisé par les autorités, ce qui alimente la suspicion. Il choque l'opinion par l'image positive de Staline qu'il véhicule : gestion performante de l'Etat, modernisation de l'URSS, victoire sur Hitler... Cependant, ce livre ne sera jamais vraiment adopté par les enseignants et disparaît aussi du marché. Certains ouvrages, tout en critiquant les purges et la politique stalinienne, insistent sur la modernisation du pays, la guerre remportée, etc. La justification de certains aspects est nuancée et apporte une image contradictoire.

**Les manuels scolaires d'aujourd'hui se détournent du mythe ? Reste-t-il des lacunes ?**

En effet, alors que le manuel de Pankratova était essentiellement basé sur le *Précis d'histoire du Parti* écrit par Staline, les manuels actuels correspondent à la recherche historique. Ils ont cependant des lacunes car les normes sont devenues plus sévères. Les autorités sanitaires expertisent désormais le poids et le volume des livres, leur lisibilité, la surcharge des informations. Les livres qui faisaient parfois plus de 700 pages en font désormais 240. Le récit sur Staline est donc lacunaire dans l'ensemble, même si certains oublis me semblent volontaires. Par exemple, on n'insiste pas sur le rôle de Staline dans la collectivisation et la famine. On présente cela comme une politique du Comité central ou du Parti. Dans un manuel, toutes les phrases sur les répressions sont au passif – on ne sait pas qui est responsable. On observe donc des tournures impersonnelles telles que « les lois se durcissent », « la répression est organisée »...

**Pourquoi l'Histoire de la Russie et du monde ne sont-elles pas réunies dans une seule discipline ?**
J'appelle cela la structure en poupées russes. A l'époque soviétique, les différents niveaux de lecture sont séparés : l'Histoire du monde, celle de l'URSS, puis celle des républiques étaient enseignées de manière indépendante selon le trimestre, la classe, etc. Un débat a émergé dans les années 1990, car certains enseignants voulaient fusionner les matières en une seule discipline, mais dans les années 2000, deux programmes sont possibles : avec la fusion ou sans.

**Qui décide du contenu des manuels ? A**

**quel point le gouvernement s'implique dans ce champ ?**

Les manuels sont écrits par des auteurs selon leur vision. Bien sûr, les programmes sont écrits par le ministère de l'Education, mais ils sont sommaires, ce qui laisse une liberté aux historiens. La labellisation des manuels revient au ministère, qui délègue cette mission d'expertise à des conseils ad hoc indépendants. Il existe aussi une expertise publique réalisée par une commission dont font partie les associations à but non-lucratif. Enfin, il faut rappeler que depuis 2015, les manuels d'Histoire russe doivent répondre à la « conception unifiée de l'enseignement historique ». On pensait que cela conduirait à un manuel unique, mais ce n'est pas le cas. Il existe aujourd'hui quatre lignes de manuels rééditées chaque année. L'un d'entre eux a été écrit par le petit-fils de Molotov, Viatcheslav Nikonov. Il n'est pas un ouvrage de propagande pro-Staline et intègre les apports des archives sur les purges et Katyn. Comme d'autres manuels, il pose des questions sur les moyens de survie du pays, par exemple si le modèle alternatif de Boukharine avait été adopté [promouvoir l'industrie légère, quand celui de Staline misait sur l'industrie lourde], aurait-il été possible de l'emporter sur Hitler ? Le pays aurait-il pu construire des chars, des avions et préserver sa liberté ? Les questions sur la contestation du régime et le lien avec la survie de l'URSS sont aussi mises en perspective.

# Entretien avec Célia Mugnier
## *Monstres et surhommes dans la littérature*

**Célia Mugnier** est doctorante en littérature comparée et en études slaves à l'Université Grenoble-Alpes. Elle a été lectrice de français pendant un an à l'Université Lomonossov de Moscou, avant d'être à nouveau lectrice à l'université de Cambridge. Son travail de recherche se fonde sur une comparaison entre diverses représentations de la catastrophe dans les dystopies russes et nord-américaines contemporaines. Elle est particulièrement intéressée par les répercussions de la chute de l'Union Soviétique sur la littérature dystopique russe, et les métamorphoses de l'Homo Sovieticus dans les textes littéraires.

Sa thèse s'intitule *De l'homo sovieticus au mutant: catastrophe, humanité, monstruosité dans la dystopie post-soviétique et nord-américaine contemporaine.*

**En 1990, l'ouverture des archives soviétiques a révélé l'ampleur des crimes staliniens. Comment la littérature s'est-elle saisie de cela pour créer des monstres ?**
L'historien Alexander Etkind considère que le traumatisme historique récent n'a pas été pris en compte officiellement par l'Etat. Cela explique pourquoi la littérature transpose ce traumatisme en créant des figures monstrueuses. Pour lui, la multiplication des monstres dans la littérature post-soviétique peut s'interpréter de façon historique mais aussi au sens de la mélancolie freudienne. Sa thèse, qui ne fait pas l'unanimité parmi les universitaires, affirme qu'une grande partie des sujets post-soviétiques seraient mélancoliques, incapables de se détacher de l'objet perdu (l'URSS) et obsédés par le passé. Cela explique la prégnance des récits qui s'emparent du passé dans les années qui suivent la chute de l'URSS.

En 2005, Dimitri Bykov écrit *La Justification*, un roman sur le fantôme d'un grand-père, disparu pendant les purges, qui revient hanter le présent. Voulait-il porter un message mémoriel ou simplement écrire une fiction captivante ?

Il me semble que les deux sont liés. Quand il décrit ce fantôme, il a en tête les purges staliniennes et le processus d'ouverture des archives. Rappelons que le personnage principal de ce roman est un historien qui se trompe, qui se fourvoie et cherche à justifier les purges staliniennes. Il élabore une théorie, collecte des preuves, ce qui en fait un récit d'enquête policière sur les traces de ce traumatisme. A la fin, il se noie dans un marécage en Sibérie. La fin est assez facile à interpréter : il n'y a pas de justification aux purges staliniennes, l'historien meurt à la recherche d'une chimère.

**Il est rattrapé par son passé...**
Pas le sien, mais celui de son grand-père. A travers le fantôme, il y a l'idée que le traumatisme peut agir à distance et revenir chez des personnes qui ne l'ont pas connu. Pour l'historien, qui vit dans la Russie post-soviétique, la période stalinienne est une

période mythique qui lui a été racontée par sa grand-mère. Il y a une réflexivité historique très claire chez Bykov. Il sait que son roman est aux prises avec les problématiques mémorielles, mais il ne veut pas faire œuvre d'historien, il veut produire une fiction qui parle à un grand nombre de gens.

**Staline est-il beaucoup représenté dans cette pléiade de nouveaux monstres ?**
Paradoxalement, un personnage est plus représenté que Staline dans les dystopies : Ivan le Terrible. Cependant, sa figure est souvent associée à Staline, notamment chez les chercheurs de tendance progressiste. Ivan le Terrible est considéré comme le tenant d'une tradition autoritaire : en un sens, c'est lui qui a inventé les purges avec les *opritchniki*, une sorte de police secrète. Staline apparaît néanmoins dans un roman clé, *Le Lard Bleu* de Vladimir Sorokine. Il a été écrit en 1999, moment crucial de passation de pouvoir entre Boris Eltsine et Vladimir Poutine, qui signale le début d'un tournant autoritaire. On passe de l'anarchie joyeuse au resserrement du pouvoir et à un nouveau discours sur l'Histoire. Ce roman a fait scandale parce

qu'il contenait des scènes de sexe entre Staline et Khrouchtchev ou encore des scènes provocatrices entre Staline et Hitler. Dans ce livre, l'utilisation et la réécriture du personnage de Staline sont massives. Il faut rappeler que Sorokine est un écrivain postmoderniste, mouvement traditionnellement considéré dans la critique comme non-engagé sur le plan politique, mais plutôt caractérisé par un jeu d'allusions et de parodies. Il est presque contradictoire de juger cet auteur sur un plan historique. Lui-même se défendait en disant « la littérature, ce n'est que des mots sur du papier ». Le fait que le roman ait fait un tel scandale est pourtant bien la preuve qu'il touche quelque chose dans la mentalité post-soviétique.

**Le lard bleu, dans cette fiction, est une substance générée à partir des clones d'écrivains russes célèbres, une sorte de drogue qui nourrit Staline. Que veut dire l'auteur ?... Que les actes de Staline sont le résultat indirect des intellectuels du siècle passé ?**
En effet, il y a un lien. Le lard bleu, issu des grands écrivains, est injecté dans le cerveau de Staline, qui va grossir jusqu'à

l'explosion. C'est la ligne narrative principale du roman. Certains critiques ont vu une manière pour Sorokine de dénoncer les accointances de la littérature russe classique avec le totalitarisme. Toutefois, c'est une thèse difficile à défendre car elle repose sur une certaine interprétation du texte alors que l'auteur se détachait à l'époque de l'engagement politique. On voit mal en quoi Tolstoï ou Dostoïevski auraient pu servir Staline. Toutefois, il est certain que des classiques de la littérature russe ont été récupérés à l'époque soviétique et instrumentalisés par le régime.

**On ne peut les rendre responsables, certes, mais à quel point la littérature peut-elle influencer ceux qui écrivent l'Histoire ? Quand il prend le pouvoir, Staline est entouré de personnes qui intellectualisent la Révolution, écrivent dans les journaux et lui-même lisait beaucoup.**

Le lien est très visible au moment où la littérature est devenue propagandiste, avec le réalisme socialiste. C'est Staline qui a forgé ce lien, surtout à partir des années 1930 et la doctrine Jdanov, en 1934, qui pose les fondements du réalisme-socialiste. Cependant, avant cette époque, tous les auteurs classiques ne plaisaient pas également aux soviétiques. Tolstoï était relativement apprécié ; Dostoïevski, c'était déjà plus compliqué ; quant à Tchekhov, n'en parlons pas, il représentait la vie oisive des Russes blancs du XIXe siècle. Sorokine montre des tendances autoritaires et arbitraires intrinsèques au texte littéraire lui-même, cette violence imposée de l'extérieur au lecteur qui se perpétue parfois dans les canons de la littérature classique, la manière dont la littérature peut reproduire des discours figés.

**Le lard bleu dont se nourrit Staline, au-delà de la littérature, représente tous les courants de pensée de la Russie ?**
En un sens, mais c'est aussi une forme d'énergie. Quand il est incubé dans le laboratoire sibérien, il doit servir à produire une source d'énergie plus ou moins éternelle, surpuissante, qui permettrait notamment d'atteindre la Lune. Derrière le lard bleu, il y a la culture russe, donc, mais aussi l'image du pétrole et du gaz, ressources naturelles sur lesquelles la Russie s'appuie pour bâtir sa puissance. Ce roman pose aussi la question des mutations génétiques, puisque ce sont des clones

formés dans un laboratoire. On se sert de l'Homme comme d'un matériau pour produire autre chose : l'Homme nouveau.

**On parle d'*homo sovieticus* : comment cette version idéalisée de l'humain est représentée dans la littérature ?**
L'expression *homo sovieticus* n'est pas neutre, elle a été introduite par Alexandre Zinoviev, auteur dissident et logicien, surtout actif dans les années 1970-80. Son œuvre est satirique.

**C'est donc l'opposition et non le régime qui invente le terme... intéressant ! L'URSS ne revendique-t-elle pas pourtant la création d'un nouvel Homme ?**
Le régime parle d'homme nouveau d'un point de vue physique et biologique : Trotski va jusqu'à parler de « surhomme » ! Le régime doit permettre de forger un nouveau type d'hommes ; un nouveau type d'hommes doit assurer la construction d'un régime communiste idéal. Cette nouveauté n'est pas seulement entendue au sens moral, mais aussi au sens physique, comme en témoignent les expérimentations faites par des scientifiques sur des singes dans les années qui ont suivi la Révolution. En 1926,

le scientifique Ivanov a même tenté d'hybrider l'Homme et le singe, en inséminant des femmes avec du sperme de singe. Heureusement, le projet n'a pas abouti. Derrière tout cela, il y a l'idée de débarrasser l'homme ancien (héritage d'un monde bourgeois) de ses mauvaises habitudes, d'obtenir une « tabula rasa » sur laquelle inscrire de nouvelles valeurs. La nouvelle de Mikhaïl Boulgakov *Cœur de Chien* a présenté ces tendances sous un jour satirique dès 1925. Derrière l'homme-chien de Boulgakov, personnage brutal qui lit Marx et Engels, l'on reconnaît « l'homme nouveau » du régime soviétique. Puis survient un glissement sémantique, et l'on passe à « l'homme soviétique », expression employée de façon dominante au bout d'un certain temps [voir l'étude de Kastler et Kryosova]. Mais la parodie latine *homo sovieticus* est attachée à A. Zinoviev. Le grand sociologue Iouri Levada a ensuite repris l'expression, au début des années 1990 [*Entre le passé et l'avenir : l'homme soviétique ordinaire*].

**A quoi ressemble l'homme soviétique type que veut façonner le stalinisme ?**

Deux chercheuses ont montré la

contradiction centrale attachée au concept d'homme soviétique : Ludmila Kastler et Svetlana Krylosova [*Histoire d'une construction conceptuelle : homme nouveau/homme soviétique*, La Revue russe, 2013]. Elles ont fait remarquer que les textes et les films réalistes-socialistes dépeignent à la fois l'homme soviétique comme un idéal à construire et une réalité déjà présente. Ces œuvres ont bercé des générations entières et ont eu une influence très importante. L'exemple parfait est celui décrit dans le livre *Histoire d'un homme véritable* [B. Polevoï, 1947]. Comment doit-il être, selon le canon imposé par Staline ? Il doit être courageux, prêt à se battre, bon, plutôt intelligent. C'est un personnage assez caricatural. Un modèle.

**Ce modèle a-t-il évolué après la mort de Staline ?**
Dans les ouvrages de la fin de l'Union soviétique, une littérature parallèle se développe. On se moque de plus en plus de ce canon idéal représenté dans les textes des années 1930-40. Dans le livre de Zinoviev, on liste tous les défauts de cet *homo sovieticus* : il est traître, il est veule, il est prêt à changer d'opinion en fonction de ce

qu'on lui demande, etc.

**Dans la distinction entre humanité et monstruosité, il semble y avoir un souci moral entre le bien et le mal. On crée les monstres pour dédouaner l'humanité de certains crimes. Pourtant Staline est un humain fait de chair et d'os. La morale est-elle aussi présente dans cette littérature post-soviétique ?**
De façon détournée, oui. Les questions morales ne permettent pas d'écrire de bonnes histoires si elles ne sont pas présentées sous une forme qui parle à l'imaginaire, par exemple sous une forme monstrueuse. Dans les livres que j'étudie, le monstre est le miroir de l'humain. A première vue, tout les oppose, mais on finit par comprendre que le monstre est (aussi), par exemple, le personnage principal. Dans *Le Slynx* de Tatiana Tolstoï [2000], le personnage a d'abord peur du Slynx qui est un monstre imaginaire qui rode à l'orée des bois et qui symbolise un pouvoir dévorant. Il ne se rend pas compte qu'il devient lui-même le Slynx, en travaillant pour les « Services Sanitaires », qui sont une illustration des services secrets, et en servant un tyran, qui peut être Ivan le

Terrible ou Staline. Les romans montrent comment une force ultra-autoritaire incarnée par un despote peut modifier chacun d'entre nous et nous transformer en monstres. La morale est donc présente mais cachée par la monstruosité. Ces monstres sont créés pour définir une frontière entre ce qui est humain et ce qui ne l'est pas. Dina Khapaeva parle de « moralité gothique » [*L'esthétique et la morale gothiques dans la société post-soviétique*] pour qualifier la fin du bien et du mal dans la société contemporaine. Ce qui subsiste et guide les individus, c'est l'intérêt du moment et la loyauté vis-à-vis du chef. Finalement, une morale clanique, mafieuse.

**L'idéal stalinien est donc perçu par la littérature comme le contraire de ce qu'il doit être… un simple exécutant aveuglé.**
L'ouvrage qui est le plus proche de la question stalinienne dans mon corpus, avec *La Justification* dont nous avons déjà parlé, est *La journée d'un opritchnik* [V. Sorokine, 2006]. Référence à Ivan le Terrible mais aussi à Staline, le modèle décrit se situe dans une Russie à la fois futuriste et néo-médiévale en 2028. L'opritchnik commet des exactions affreuses : il viole, tue et pille,

mais tout cela au nom de son souverain. Cette loyauté constitue « le bien », selon son point de vue. Dans l'idéologie et le fanatisme, toute notion de bien et de mal est effacée – ce qui compte est de faire ce que le souverain demande.

**Staline n'est-il pas devenu la caricature négative du mythe qu'il voulait créer autour de lui ?**
Je pense qu'il a été ce qu'il aurait aimé être, c'est-à-dire une sorte de maître du monde. Cependant, entrer dans la tête de Staline est impossible.

**Trotski et Lénine sont-ils aussi une source d'inspiration pour créer des monstres ?**
Lénine est un corps embaumé. Mon corpus comprend de nombreuses figures liminaires situées entre la vie et la mort, des figures spectrales qui se rapprochent de la momie, des reliquats du passé artificiellement conservés exactement comme un corps embaumé. S'il y a un reste de Lénine, il est dans ces corps immuables et momifiés. Il est aussi dans la parodie des discours marxistes-léninistes chez Sorokine ou Pelevine.

## Comment expliquer l'image encore positive de Staline dans la culture russe actuelle ?

Le parti pris par Vladimir Poutine est de réutiliser l'Histoire soviétique en gardant surtout les aspects les plus positifs afin que les Russes puissent se sentir fiers. La victoire contre l'Allemagne nazie est une plus grande fierté que la réalité des purges. C'est pourquoi le mythe de Staline vainqueur de la Seconde Guerre mondiale a tendance à mettre en sourdine la question des purges. Désormais – et c'est le thème du roman *La Justification* – on tente d'expliquer les purges par la volonté de sélectionner une élite prête à se battre jusqu'au bout pour défendre son pays. Les purges sont justifiées par le mythe victorieux. Cette vision repose sur une erreur : on sait que Staline n'avait pas prévu la rupture du pacte par Hitler et qu'il manquait d'officiers car ils avaient été envoyés dans les camps. Certains officiers ont été rapatriés pour faire la guerre. Parmi ceux-là, certains, qui avaient été faits prisonniers par l'Allemagne nazie, ont été renvoyés dans les camps soviétiques aussitôt après leur libération en 1945 en tant que potentiels traîtres.

C'est la « logique » implacable du stalinisme. Les scientifiques qui échouaient étaient eux aussi bannis, rétrogradés, parfois éliminés, car l'Etat doit réussir et ne pas tolérer l'échec.

C'était logique mais totalement arbitraire. Staline était paranoïaque. Les purges frappaient au hasard. Quand on voit cette image du Staline vainqueur de la Seconde Guerre mondiale, cela fait réfléchir : comment est-il possible d'oublier les millions de morts causés par Staline ? Pour l'historien Robert Conquest, la Grande Terreur aurait causé 3 millions d'exécutions et 2 millions de morts dans les camps du goulag. Certes, sans les Soviétiques, qui ont payé un très lourd tribut, le visage de la guerre aurait été différent. En même temps, est-ce qu'il faut mettre cela au crédit de Staline ? On peut en douter.

**La littérature russe participe-t-elle de ce courant de pensée qui revisite l'Histoire ?**
Certains écrivains réécrivent l'Histoire. Un chercheur ukrainien a montré qu'il existe aujourd'hui des utopies néo-impérialistes et revanchistes qui font de Staline une figure positive, le dirigeant d'un grand Empire

[Oleksandr Zabirko, *The Magic Spell of Revanchism*]. Ces écrivains se retrouvent dans la littérature de genre, les histoires alternatives, la science-fiction ou encore l'uchronie, voire dans des best-sellers populaires. Le fait qu'ils soient extrêmement lus les rend dangereux. Les universitaires s'y intéressent peu, car bien souvent ils trouvent ces livres mal écrits et peu intéressants, mais ils sont fascinants d'un point de vue sociologique et historique. Certains revalorisent la figure de Staline. Ce phénomène se rattache à une grande nostalgie. Il est difficile de détacher le souvenir de ce grand Empire qui avait un but – la construction du communisme et d'un avenir radieux – de la crise des valeurs des années 1990.

**Cette nostalgie n'est-elle pas simplement générationnelle et propre à ceux qui ont connu l'Union soviétique ?**
Il est intéressant de remarquer que des jeunes sont nostalgiques aussi, des gens qui n'ont presque pas connu l'Union soviétique.

**Peut-on être nostalgique d'une époque que l'on n'a pas connue ?**

On peut d'autant plus qu'en ne l'ayant pas connue, on est plus à même de l'idéaliser en conservant une vision fantasmée et mythique de l'époque. *Le bibliothécaire* de Mikhaïl Elizarov illustre très bien ce phénomène des hommes nés sous l'URSS, mais qui ont surtout grandi dans la Russie post-soviétique. On sent une nostalgie mise à distance : l'enfance soviétique, dorée et idyllique, à laquelle tous les personnages succombent, reste un mythe qui les poussent à s'entretuer.

# Entretien avec Kateryna Lobodenko
## *Le cinéma et la caricature : ces vecteurs du mythe*

Docteur en études cinématographiques, **Kateryna Lobodenko** enseigne l'histoire du cinéma russe et soviétique à l'Université Sorbonne Nouvelle Paris 3. Ses travaux récents interrogent le phénomène du cinéma populaire en URSS, le patrimoine visuel des émigrés russes en France et les relations entre caricature et septième art. Elle s'intéresse également à l'esthétique de l'exil au cinéma.

**Lénine considérait que le cinéma était « de tous les arts, le plus important ». Qu'en est-il de Staline ?**

Staline n'avait pas un niveau d'éducation aussi développé que Lénine, mais tous deux voyaient le cinéma comme un moyen de propagande. La population russe sous l'Empire était majoritairement rurale et illettrée. Afin d'apporter les idées révolutionnaires, l'image fixe ou animée était le canal le plus productif. La Révolution finançait les *agitki*, des courts-métrages de huit à vingt minutes, pas au-delà, par manque de pellicule. Il s'agissait aussi bien de docu-fictions que de documentaires rapportant les faits marquants des zones de combat, les manifestations ou encore les discours des leaders de la Révolution. Citons par exemple *La consolidation*, coréalisé par Anatoli Lounatcharski et Alexandre Panteleev. Par la suite, pendant la guerre civile, des « trains de propagande » projetaient des films sur les wagons. Cela existait aussi sur les bateaux. Staline et Lénine voyaient donc le cinéma comme un moyen très performant, d'où l'importance du financement. Alors que certains réalisateurs ont émigré, les caméramans restent. Dans le début des années 1920, Lénine se montre ouvert à l'avant-garde alors que Staline s'y montre réticent, ce qui l'incitera à trier par la suite les tenants du réalisme socialiste, afin de maîtriser l'art.

**Les commandes d'Etat étaient des outils de propagande, mais au-delà du but utilitaire, le cinéma était-il un tropisme personnel de Staline ?**
Staline aimait beaucoup les films musicaux, car ils étaient faciles à comprendre. C'est un genre créé par Grigori Alexandrov, qui travaillait avec Sergueï Eisenstein, après un voyage d'apprentissage aux Etats-Unis. Ils avaient compris qu'introduire des éléments musicaux dans un film permettait d'obtenir un certain succès auprès du public, qui cherchait avant tout à se vider la tête. Tikhon Khrennikov sera l'un des premiers compositeurs à travailler avec les réalisateurs de films, avec Sergueï Prokofiev. Staline n'apprécie pas le cinéma intellectuel, car lui-même étant limité, il pense qu'un cinéma moins brillant sera plus simple à maîtriser.

**En 1942, Eisenstein commence à tourner *Ivan le Terrible*. Comment peut-on**

comprendre la volonté de Staline de s'associer à un personnage aussi tyrannique qu'Ivan le Terrible ?

Tout d'abord, Ivan le Terrible a fait une série de réformes qui ne sont pas toutes négatives. On retient alors de bons côtés de son règne, en faveur de l'économie, l'augmentation de la richesse, la réussite du pays. Il incarne un régime très dur qui apporte des choses positives. Il avait bien sûr d'autres côtés : il était sanguinaire, paranoïaque... Staline n'avait pas saisi l'ampleur du personnage d'Ivan le Terrible ni l'interprétation qu'Eisenstein allait en faire. Il faut aussi rappeler qu'un premier film avait été fait en 1926 par Youri Taritch (*Les ailes du serf*) sur Ivan V, qui fut un succès international notamment auprès des émigrés russes exilés en France, qui apportaient des chaises dans les salles, complètes, pour pouvoir assister à la projection. Ce premier film donnait une vision négative et drôle du règne d'Ivan le Terrible, que Staline voulait sûrement contrebalancer. Enfin, il faut voir que Staline aimait glorifier les grands hommes : Alexandre Nevski, le général Koutouzov, etc. Dans les années 1930, il y a une intense recherche d'identification à ces figures historiques.

## Comment les cinéastes émigrés ont-ils représenté Staline ?

Ils étaient partis pour des raisons politiques, donc ils évitent de représenter Staline. Ils poursuivent le style cinématographique prérévolutionnaire. En Allemagne ou en France, ces cinéastes adoptent la formule « tout est bien qui finit mal », un peu sur le modèle des tragédies grecques. Parmi ces films, on peut citer *Les Bateliers de la Volga* de Viktor Tourjansky ou *Casanova* d'Alexandre Volkoff. Cette habitude de finir les films sur une note négative ne convient pas au public français, ce qui pousse les réalisateurs à proposer deux fins différentes, en fonction du public. Les émigrés ne soutiennent pas le bolchévisme – qu'ils espèrent temporaire – et proposent une image stéréotypée de la Russie impériale, avec la neige, la vodka, les ours, etc. Ils se demandent souvent « comment ce sera quand on retournera là-bas », parlent de tuer Staline et se disent prêts à coopérer avec Hitler jusqu'en 1937. Après, ils changent de discours en constatant la solidité du régime. Ils abordent des sujets liés à Lénine et à la Révolution et relayent la presse de propagande antisoviétique. Néanmoins, en raison de la forte présence d'espions russes, ils ont peur et prennent des précautions. C'est pourquoi on recense beaucoup plus de films esthétiques et nostalgiques que d'œuvres de propagande. Andreï Korliakov m'a appris que Wrangel disait aux émigrés : « Restez loin de la politique ».

**Les artistes officiels en URSS, quant à eux, devaient faire de Staline un héros de la Révolution et bâtir son mythe.**
Dans les années 1930, pour commémorer la Révolution d'Octobre fut commandé le film Lénine en Octobre. On y voit Staline. Ce qui est frappant, c'est qu'il est montré de façon statique, sans émotion. On pouvait montrer Kerenski et les autres personnages en mouvement, mais lui ne devait donner aucun signe émotionnel. C'étaient toujours les deux mêmes comédiens, approuvés par le Parti et Staline lui-même, qui pouvaient interpréter son rôle jusqu'à la fin des années 1930. Il faut aussi noter que la censure était très dure à cette époque, mais que certains films pouvaient être sauvés parce qu'un dirigeant les avait vus chez lui, dans sa datcha. C'est

ainsi que, plus tard, Leonid Brejnev va sauver *Le Soleil Blanc du désert*, pourtant censuré.

**La caricature se développe particulièrement à l'étranger. Comment expliquer ce phénomène ?**

Lénine a interdit la « presse bourgeoise », ce fut même l'un des premiers décrets, ce qui a conduit de nombreux caricaturistes à quitter le pays. Leur activité en exil fut un moyen de combattre le régime mais aussi de montrer du recul sur les événements. On distingue deux types de caricatures : d'abord, celles qui racontent l'exil, la nostalgie de la Russie, le regard des étrangers, etc. ; ensuite, celles qui imaginent la vie en URSS et critiquent Staline, à l'instar de Mikhaïl Drizo (connu sous le pseudonyme de Mad). Staline est souvent associé à Hitler : on souligne leur narcissisme commun, leur goût pour la manipulation. Les caricaturistes étaient abonnés à la presse soviétique en France et pouvaient donc détourner la propagande à loisir, montrer comment les informations sont perverties. Contrairement au cinéma, donc, la caricature a une logique politique plus forte.

**Staline est-il le seul à être caricaturé ?**
Non, on représente tout le monde : Staline, Lénine, Krylenko, Zinoviev, Kollontaï, les généraux soviétiques, etc. Les caricaturistes épargnent seulement l'armée et les pauvres, dont ils ont pitié, car ils subissent selon eux une situation qu'ils n'ont pas souhaitée.

**Par qui est dirigée la presse émigrée russe à cette époque ?**
Il s'agit d'un milieu hétérogène. On retrouve aussi bien des monarchistes, des marxistes, la droite libérale, des sociaux-démocrates et socialistes-révolutionnaires. Pour la presse satirique de gauche, on peut citer *La fourche*, fondée par Dimitri Kobyakov et Chemetov, qui espéraient encore retourner en Russie et, de ce fait, éviter de s'attirer des ennuis en émettant une critique forte. Il n'y avait pas de presse satirique monarchiste. Il y avait trois revues publiées en France qui ont toutes duré environ un an : *Le Fouet* (1920) ; *La Fourche* (1924) et *Satiricon* (1931). Quant aux périodiques généralistes, il y en eut pendant tout l'entre-deux-guerres : *La Russie illustrée* (1924-1939) ; *La connaissance* (1925-1940) et *Les dernières*

*nouvelles*. Les deux figures à retenir sont Youri Annenkov[53] et Grigori Sciltian, qui caricaturaient et diabolisaient Staline dans *Satiricon*.

**Comment était perçue la presse émigrée par les journaux français ?**
La presse française de droite soutenait les émigrés. Dans la presse de gauche, on trouvait que les critiques négatives n'étaient pas représentatives, qu'elles émanaient d'une petite poignée d'étrangers alors que le régime soviétique paraissait plus important.

**Staline était-il préoccupé par les caricatures ou cela lui passait-il au-dessus de la tête ?**
Oui, il avait un grand intérêt pour son image en dehors du pays. On trouve même une caricature de Staline qui est agacé par une caricature de lui ! Le régime soviétique voulait suivre les activités des émigrés à la trace. Deux généraux tsaristes sont même arrêtés pour « résistance de l'extérieur ». Cela peut expliquer la crainte des

---

[53] Y. Annenkov est un peintre soviétique qui a quitté le pays en 1924. Son rôle est encore trouble, et on ne sait pas s'il était un agent double ou si son changement de vision fut sincère.

caricaturistes, comme Annenkov.

**Revenons au cinéma. Trouvez-vous qu'aujourd'hui, l'image de l'URSS a évolué sur le grand écran ?**
Il y a un nouvel intérêt de la télévision et du cinéma russes pour cette période. A l'époque, on attribuait tout à Lénine et Staline. Désormais, on voit apparaître des séries sur Trotski, dont le personnage est réhabilité, sur Vassili, le fils de Staline, ou encore sur les circonstances de la mort d'Essenine. On s'intéresse désormais aux débuts de Staline, quand il était un brigand géorgien qui se faufilait pour échapper à la police. Toutefois, depuis vingt ans, on remarque une volonté de rétablir l'Histoire russe et soviétique et notamment l'image de Staline et son « bras de fer », en insistant sur l'ordre et le calme qu'il apportait, au détriment de la terreur, des procès, etc.

**Il est désormais vu comme un tyran plein de sang-froid. Finalement, est-ce que l'absence d'émotions dont son personnage cinématographique devait faire preuve a fini par s'imposer dans la culture populaire, à son détriment ?**
A l'époque, on ne considérait pas que

Staline était dépourvu d'émotion. Au contraire, il suscitait un amour démesuré, comme le montrent les réactions qui ont marqué son enterrement. Il cultivait l'image d'une personne très humaine et proche du peuple, pas celle d'un surhomme. Il avait donc cette image de Petit Père des peuples dont le bras de fer pouvait s'abattre contre ceux qui étaient contre lui, nécessairement inhumains. A partir des années 1940, on le présente souvent avec des fleurs et des enfants, pour adoucir son apparence et sa stature carrée. Il est le « père aimant ».

**C'est une continuité du mythe ?**
L'image est toujours plus importante que la politique et l'idéologie. Un mythe est facile à retenir, il ne parle pas du fond mais reste à la surface. C'est son principe même : ne pas dévoiler la vérité et laisser libre court à l'imaginaire.

*Staline sans prisme*

# Entretien avec Éric Aunoble
*La source et la nature du pouvoir de Staline*

Eric Aunoble est chargé de cours à l'Université de Genève. Il a commencé ses recherches sur l'Ukraine soviétique dans les années 1990 en préparant une thèse de doctorat sur les communes comme forme d'utopies révolutionnaires. Il poursuit désormais ses recherches sur trois thèmes : la dynamique des conflits liés à la période révolutionnaire; l'élaboration d'une culture soviétique ; les rapports sociaux dans l'Ukraine des années 1920-1930. Il participe au groupe de recherche *La Fabrique du soviétique dans les arts et la culture* et au projet de recherche *Le cinéma en Union soviétique et la guerre, 1939-1949*.

**« Staline » : pourquoi a-t-il choisi un tel surnom ?**
Tout le mouvement révolutionnaire russe avait cette pratique du pseudonyme pour échapper à la police politique. Le but premier est conspiratif. Chaque militant avait même plusieurs pseudonymes, en fonction de l'endroit, de l'aire d'intervention, etc. Trotski avait par exemple choisi « La Plume ». Staline, littéralement « l'homme d'acier » donne l'image d'un type dur, mais fait aussi écho à l'imaginaire industriel lié au monde ouvrier.

**Avant la Révolution de 1917, comment Staline est-il vu de ses camarades de lutte ?**
J'ai l'impression que sa figure n'est pas véritablement remise en cause ou critiquée par les autres révolutionnaires. Au contraire. Il y a eu de nombreuses vagues de désaffection de la Révolution, surtout après 1905, de la part de jeunes gens ou d'intellectuels revenus de leurs espoirs ou de leurs illusions. Staline est reconnu par ses pairs comme quelqu'un qui n'a jamais reculé et a continué à militer et à s'exprimer à travers des articles. De plus, Lénine recherche des militants qui ne seraient pas des « grandes têtes » mais des

praticiens, qui œuvrent au jour le jour. De ce point de vue, Staline est vu comme un opiniâtre qui peut être très utile. En outre, en tant que représentant d'une minorité nationale (géorgienne), il est tout désigné pour porter la vision du parti bolchévique sur la question nationale.

**Et lui, sent-il une différence de condition socio-économique avec les bolchéviques ?**
Il n'est pas un intellectuel de haute volée ni un authentique prolétaire. Certains de ses camarades représentaient la classe ouvrière, lui est à la limite de deux milieux, entre la petite bourgeoisie et le véritable prolétariat. Il est possible qu'il ait vécu un certain complexe d'infériorité autant vis-à-vis de la culture de certains que du caractère prolétarien d'autres, mais il possédait une qualité politique indéniable : le dévouement à la cause.

**On parle souvent de ses limites intellectuelles, est-ce fondé selon vous ?**
Sa prose n'était pas très légère et il n'était pas un grand intellectuel, mais il était un militant très informé. Quand on voit le niveau culturel et politique de l'époque, notre société actuelle pourrait en rougir. Le

niveau de pensée des révolutionnaires était élevé. Même Nestor Makhno, qui n'était pas un intellectuel et n'avait pas une belle plume, était capable de formuler des avis bien au-dessus de ce que son milieu social lui permettait. J'ai eu la chance de visiter la demeure de Kirov, proche de Staline et dirigeant du Parti à Leningrad dans les années 1930, qui possédait une bibliothèque fantastique. Tout est traduit en russe, mais on y trouve des ouvrages sur tout : l'économie, la sociologie, etc. Ce n'était pas une bibliothèque d'apparat, mais véritablement utilitaire.

**Son camarade d'enfance Irémachvili relate que Staline lisait Darwin au séminaire...**
La conscience d'arriération sous l'empire tsariste générait de l'appétit intellectuel. Toutes les nouvelles théories étaient débattues, partout. La jeunesse russe d'alors était formée aux idées de Tchernychevski et Bielinski. Cela dit, discuter de Darwin à la fin du XIXe siècle, c'était déjà dépassé, un peu comme être voltairien dans la France du XIXe. Les révolutionnaires russes étaient alors passionnés par les récentes découvertes physiques – citons le débat entre Lénine et

Bogdanov autour des théories sur l'atome.

**Avant sa prise de pouvoir, peut-on dire que Staline façonnait déjà son image ?**
J'ai tendance à penser que cela n'aurait pas grand sens : vis-à-vis de qui façonnerait-il son image ? Il n'était pas un leader de masse. Il évoluait dans les groupuscules. Ce qui faisait sa valeur était la reconnaissance par Lénine et par les militants. Jusqu'à la Révolution, Staline et les bolchéviques ont fonctionné en petits groupes.

**Sa jeunesse géorgienne est très peu présente dans la construction de son mythe. Pourquoi ce silence ? N'a-t-il pas intérêt à montrer qu'il est issu du peuple ?**
On a oublié que, dans le mouvement marxiste russe, à l'origine, la définition du prolétariat se restreint à la classe ouvrière, et non pas aux classes populaires dans leur ensemble. C'étaient les socialistes-révolutionnaires qui avaient ouvert l'histoire du socialisme en Russie par une définition large du peuple, essentiellement paysan. Pour les marxistes, qui se sont détachés de ce premier courant, les ouvriers constituent une classe d'exception par sa capacité de transformation sociale mais elle

est peu nombreuse (moins de 5 % de la population). Pour la paysannerie, devenir ouvrier représentait une forme de promotion sociale, mais surtout morale. Chez les bolchéviques, le statut d'ouvrier s'apparente presque à une aristocratie morale. L'un des exemples connus est celui d'Alexandre Chliapnikov, époux d'Alexandra Kollontaï, qui est ouvrier métallurgiste depuis ses 13 ans. Staline n'est pas ouvrier, il est issu d'une toute petite bourgeoisie qui a fait quelques études, un peu à l'instar du *Bachelier* de Jules Vallès en France. Il vient même d'un « milieu fruste », ce peuple que l'on voit comme obscurantiste par certains aspects. Enfin, son extraction géorgienne ne sera vraiment mise en valeur qu'après sa mort, quand des émeutes éclatent en Géorgie pour défendre sa mémoire contre les mesures de déstalinisation de Khrouchtchev.

**La prise du pouvoir par Staline est entourée de théories et de mythes. A l'époque, quelle fut son opinion personnelle sur ce coup de force ?**
Staline n'a pas fait lui-même de récit de sa prise de pouvoir. Il évoque toujours une « ligne juste » qui a triomphé contre les

« déviations », mais il ne se met jamais en avant, ou seulement comme incarnation de cette ligne rationnelle. Ce sont finalement les autres qui en font un personnage décisif. C'est ce que l'on observe en lisant son *Précis d'Histoire du Parti communiste de l'URSS* [1938] : on ne parle pas d'untel ou untel, mais d'une ligne qui s'impose. En cela il s'assimile à la bureaucratie, au Parti et même à l'Etat. Par la suite, quand il détiendra un pouvoir absolu, il affirmera son rôle avec une rhétorique très éloignée, de plus en plus nationaliste russe et autocratique.

**Est-il immédiatement perçu comme un danger ?**
Ses opposants dans le Parti le sous-estimaient et ne le voyaient pas du tout comme un danger. Les marxistes considéraient en effet que les individus sont subordonnés aux forces sociales. Ils voient d'un œil circonspect cet homme qui a tout ce pouvoir sans détenir les qualités requises, contrairement à Lénine. Ils se pensent plus brillants. Pour les opposants extérieurs au Parti, au contraire, il n'y a pas de distinction entre Staline et Lénine ; c'est donc l'indifférence qui prime. S'il faut

choisir, l'opposition de droite préfère même Staline parce qu'il assume un côté autoritaire et patriote. Nikolaï Oustrialov, nationaliste, prône le soutien aux bolchéviques car il estime que c'est la meilleure façon de redonner sa puissance à la Nation russe.

**Vous dites que Staline a été sous-estimé. Comment Trotski et l'opposition ont-ils vécu leur éviction ?**
Les trotskistes et la gauche du Parti ont essayé de rationaliser ce processus par une analyse marxiste. Selon eux, la bureaucratisation générée par l'échec de la Révolution à s'étendre a paralysé l'Etat et la société. Désormais, le régime est figé entre le capitalisme et le socialisme. En ce sens, Staline est vu comme un Mussolini russe. Trotski présente une analyse subtile qui fait de la bureaucratie soviétique un nouveau bonapartisme, qui exploite les forces sociales contradictoires pour augmenter son propre pouvoir. Au sein de cette bureaucratie, Staline est un Napoléon qui joue des oppositions entre droite et gauche pour assurer son pouvoir. De 1923 à 1926, il fait bloc avec la droite avant de se retourner ; puis sa poussée à gauche, qui

apporte la famine vers 1932-33, est suivie d'une nouvelle barre à droite.

## Zinoviev, Kamenev et Boukharine partagent-ils cette conception ?

J'ai toujours été frappé par leurs explications très individuelles de cette période. « Celui-ci a fait ceci, celui-là a fait cela ». Ils ont en même temps une vision abstraite de la nécessité historique (voir la lettre de Boukharine) et une mémoire des anecdotes personnelles, des critiques... Le Parti bolchévique fonctionne par cercles de connaissances de façon clanique. Les membres d'un même cercle s'épaulent, cela remonte à la guerre civile. Je crois que cette période est déterminante pour comprendre le stalinisme.

## La guerre civile serait à la source du pouvoir de Staline ?

Pendant cette période, les bolchéviques étaient peu nombreux en regard de la population. La condition pour survivre était la concentration des responsabilités sur un petit nombre de personnes. En dépit d'un vrai brassage, les liens étaient fortifiés à l'exercice de la force, ce qui augmentait la confiance entre les militants. Staline s'appuie sur la garde rouge, dont les unités sont structurées autour d'un chef charismatique issu de la base. En face, Trotski veut fonder une Armée rouge centralisée, dans laquelle on n'obéit pas à l'homme parce qu'il est le chef de notre clan mais en raison de son grade, une autorité sociale qui le légitime. Il met ainsi en place une double hiérarchie dans l'Armée rouge, avec le réemploi des officiers considérés comme « spécialistes », placés sous le contrôle des « commissaires politiques » nommés par le Parti. C'est à ce moment que les frictions entre Trotski et Staline naissent.

**Dès lors, faire de Trotski un ennemi de la Révolution devient essentiel ?**
De nombreux films ont été réalisés par la suite afin de légitimer Staline comme le représentant des hommes issus de la base. Le film *Tchapaïev* valorise le côté populaire de cet ancien adjudant devenu un héros de la Révolution. Le réalisateur ukrainien Alexandre Dovjenko fait également un film sur Nikolaï Chtchors, un héros de la guerre civile, qui reprend la même trame. Dans tous ces longs-métrages, le coupable désigné est toujours Trotski, qui cherche à

nuire aux braves commandants issus de la base. Staline parvient à réunir autour de lui des gens animés par la haine commune pour Trotski.

**Nous avons vu comment le régime et l'opposition avaient contribué au mythe stalinien. A présent, pouvez-vous nous décrire les réactions en Europe occidentale face à la montée en puissance de Staline ?**
Pendant très longtemps, au moins jusqu'à la mort de Staline en 1953, les Européens n'y ont vu que du feu. Globalement, ce sujet ne les intéressait pas. Quand un événement survenu en URSS avait un impact sur le continent, on en parlait, mais on ne cherchait pas vraiment à comprendre. Les milieux intellectuels utilisaient des informations de seconde voire de troisième main. On avait recours au sanglant et au spectaculaire pour attirer le lecteur. Les premiers à s'y intéresser vraiment sont des communistes oppositionnels français formés à Moscou, Boris Souvarine et Victor Serge qui publient leurs biographies de Staline à la fin des années 1930.

**Les communistes français paraissaient même élogieux envers Staline...**

Des « Petits Staline » apparaissaient dans les mouvements communistes de chaque pays. Les Italiens avaient Palmiro Togliatti et les Français le célèbre Maurice Thorez. Ce dernier, comme Staline, jetait un voile pudique sur sa jeunesse, moins prolétarienne qu'il ne l'affirmait. Il se présentait comme un homme du peuple mais avait des accents très patriotiques. La philosophe Simone Weil a très bien décrit la façon dont les ouvriers français perçoivent l'URSS. Pour eux, elle est un appui moral – ils peuvent se dire que le monde n'est pas rempli de régimes capitalistes et autocratiques, que les ouvriers soviétiques ont le pouvoir à travers leur propre autocrate.

**Staline s'intéresse-t-il à l'image qu'il renvoie dans le monde ? Par quoi est-il animé finalement : la recherche d'un amour populaire ?**

Il a toujours été très économe de sa propre personne. Il ne fait jamais de véritable bain de foule, malgré la mise en scène de ses apparitions, qui sont toujours des cérémonies officielles ou internes au Parti. Ce n'était pas non plus un grand tribun. Lénine non plus, d'ailleurs : l'image de

Lénine haranguant les foules est une construction stalinienne. Il est davantage un Robespierre qu'un Danton ou un Jaurès, contrairement à Trotski qui sait enflammer le peuple. Staline est quant à lui physiquement neutre. Je crois qu'à cette époque il est persuadé que son rôle est celui d'un apparatchik et il est prêt au sacrifice : le sacrifice de soi avant 1917 et celui des autres après qu'il a pris le pouvoir.

**Vous dites qu'il est ambitieux pour le Parti mais pas pour lui personnellement ?**
Non... aujourd'hui on a du mal à comprendre que le combat politique puisse être autre chose qu'un jeu entre les egos. A l'époque, la pensée motive l'action militante. C'est l'idée marxiste qui fait agir les hommes dans le Parti et l'Etat. Mais cela change dans les années 1930, à travers les expériences de violence sur la population, de la collectivisation à la Grande Terreur. Surtout, le nationalisme réapparaît dans les discours officiels à mesure que la référence révolutionnaire voire utopique s'efface. Cela devient clair lors de l'attaque nazie contre l'URSS en 1942. Le premier discours de Staline pour mobiliser contre les nazis débute non plus

par « Citoyens » ou « camarades » mais par « Frères et sœurs », qui renvoie aux traditions chrétiennes orthodoxes.

**Aujourd'hui, en France, que reste-t-il du mythe qui entourait Staline ?**
Tout comme le gaullisme, le mythe stalinien a perduré assez longtemps et a même connu une résurgence en 1968 avec le mouvement maoïste. Aujourd'hui, le stalinisme affirmé est marginal mais fait encore quelques adeptes en politique. L'historienne Annie Lacroix-Riz s'en réclame et explique par exemple que la famine en Ukraine n'a jamais existé.

**Il semble que Staline demeure l'épine dans le pied de la gauche radicale en France. Qu'en pensez-vous ?**
Il est certain qu'il a bien servi les anticommunistes. Il a lui-même tué plus de communistes que la guerre. Le soutien que lui a longtemps porté la gauche est aussi un facteur aggravant. En 1947, le procès Kravchenko oppose le transfuge soviétique et une revue proche du Parti communiste français, qui nie l'existence de camps en URSS. Tout cela est utilisé, encore de nos jours, pour décrédibiliser l'extrême gauche.

L'ancien député Malek Boutih a même osé une comparaison entre les djihadistes et les révolutionnaires russes. Cela montre qu'il y a une véritable perte de mémoire, un oubli. Du coup, Staline est devenu une figure flottante qui autorise un retour en grâce du stalinisme. Si dans les années 1950, l'ignorance était une cause du soutien au régime stalinien, aujourd'hui, il peut apparaître radical de se revendiquer de Staline. L'auto-émancipation et le débat démocratique qu'elle suppose peuvent paraître « gnangnan » en comparaison de l'action d'une minorité contre le pouvoir. L'aura d'un Badiou, la prétention du « cortège de tête » à prendre le pas sur la masse des manifestants ou celle de « l'antiracisme politique » à se poser en représentants exclusifs des « minorités racisées » : tout cela rappelle certains traits du stalinisme dans ces périodes « gauchistes » (classe contre classe en 1929-1934, pic de la Guerre Froide en 1947-1953).

### Et en Russie ?

Poutine s'en sert comme d'une figure du chef national charismatique. Staline est l'homme de la dernière grande victoire russe en 1945, contrairement au dernier tsar, Nicolas II, qui avait perdu face aux Japonais en 1905 et reculé face aux Allemands en 1914-1917. Mais c'est bien le chef d'Etat tout puissant qui est encensé, pas le dirigeant communiste, car le président russe ne manque pas une occasion de dire tout le mal qu'il pense du bolchévisme.

**En travaillant sur Staline, j'ai l'impression que le mythe, façonné par tous et surtout par le temps, prédomine finalement bien plus que l'héritage politique concret. Le récit compte-t-il plus que le réel ?**
Il est compliqué de parler de ce personnage sans évoquer le mythe qui l'entoure. En Histoire, on ne tombe jamais sur la vraie personne, mis à part si l'on met la main sur des égo-documents, et encore ce serait insuffisant. Cela est d'autant plus vrai avec Staline, qui s'est confondu avec ses fonctions. Le culte qui l'a entouré n'a rien à voir avec sa personnalité réelle, mais le mythe est nécessaire pour cimenter un régime. On ne saura jamais rien de sa psyché. Finalement, le mythe a remplacé la personne réelle.

*Staline sans prisme*

# Entretien avec Myriam Truel
## *Victor Hugo en Russie, entre censure et influence*

Ancienne élève de l'école normale supérieure de Lyon, **Myriam Truel** est professeure agrégée de russe et docteure en études russes. Ses recherches portent sur les échanges littéraires entre la France et la Russie, et plus particulièrement sur la réception de Victor Hugo en Russie, sujet de sa thèse publiée en 2021 aux éditions Classiques Garnier. Elle a passé 10 ans en Russie, où elle a enseigné la littérature française, et enseigne actuellement la littérature russe à l'Institut national des langues et cultures orientales.

## Qu'est-ce qui explique le succès de la littérature française dans l'Empire russe ?

La littérature française est très bien connue des Russes : ils lisent davantage les auteurs français que nous ne lisons les auteurs russes. Au XVIIIe siècle, les élites étaient francophones et parfois germanophones. Mais vers la fin du siècle, on assiste à une volonté de se tourner vers la langue nationale et une critique qui prend de l'ampleur contre le français et la littérature française. « Pourquoi lisons-nous des écrivains étrangers et pas nationaux ? Pourquoi cette européanisation ? » se demandent-ils.

## Victor Hugo, qui fascine Staline, était-il beaucoup lu par les Russes à la fin du XIXe siècle ?

Il était lu de différentes manières. D'une part, ceux que la critique soviétique a regroupés et qualifiés de « progressistes », qui abordent ses œuvres par le prisme de la contestation de l'ordre social. D'autre part, une grande partie du lectorat a une lecture qui est plutôt de l'ordre du divertissement. Beaucoup de ballets russes adaptent *Notre-Dame-de-Paris* en se focalisant surtout sur l'aventure, l'histoire d'amour, la compassion, mais pas du tout sur l'aspect politique. Les adaptations développent des scènes précises des œuvres, comme dans le cas des *Misérables*, par exemple, l'accueil de Jean Valjean par monseigneur Myriel ; le sauvetage de Cosette par un inconnu ; ou la pitié de Gavroche pour deux enfants qui se révèlent être ses frères cadets. Victor Hugo est très lu et publié avec des tirages assez importants pour l'époque. Certaines revues tiraient à 4 ou à 5 000 exemplaires. Une adaptation de *Quatre-Vingt-Treize* destinée à un public large et plutôt populaire a été publiée, selon mes estimations, à près de 200 000 exemplaires !

**Justement, *Quatre-Vingt-Treize* est le livre de Hugo qui impressionne le plus Staline pendant ses études. Il gardait l'ouvrage sous son lit, à l'insu des surveillants. Il voulait ressembler au personnage de Cimourdain. Cela vous surprend-il ?**
Cela fait sens que Staline ait exprimé son intérêt précoce pour ce livre : Cimourdain, c'est la Révolution implacable. C'est lui qui arrête le marquis de Lantenac, contre-révolutionnaire, alors qu'il vient de sauver des enfants d'un incendie. Il condamne à mort son élève, Gauvin, pour avoir libéré

Lantenac de son cachot. Et il se donne la mort ensuite. Cela correspond à la manière de se positionner de Staline, qui se donne comme celui qui fait passer la Révolution avant ses propres intérêts et avant les intérêts de tous.

*Note de V. Hugo : « Cimourdain. C'était un inflexible et un incorruptible, en cela il confinait à Robespierre ; c'était un homme bon, violent, en cela il confinait à Danton ; c'était un sanguinaire politique, en cela il confinait à Marat ; c'était un sauvage social ; en cela il confinait à Hébert »*

## Comment a évolué la perception de Victor Hugo en Russie ?

Jusque dans les années 1860-1880, il suscite l'intérêt des lecteurs mais il n'est pas bien vu par le pouvoir. De plus, la censure, si elle n'est pas totale, est toutefois bien réelle. A partir des années 1860, il est diffusé plus largement. Selon les traductions, voire les adaptations et les éditions, tantôt l'accent est mis sur l'intrigue, tantôt sur le discours social ; dans les adaptations pour le peuple et pour les enfants, on fait de Victor Hugo un chantre de la compassion. Après la Révolution de 1917, la thématique révolutionnaire de ses œuvres va être mise à l'honneur.

Cependant, jusque dans les années 1930, on observe une hésitation sur le statut à accorder aux œuvres de Victor Hugo : alors que certains souhaitent le ranger dans le camp des précurseurs de la Révolution, d'autres voient en lui un écrivain « bourgeois » pas assez engagé du côté de la Révolution. Victor Hugo est ainsi moins largement publié dans les années 1920 qu'avant la Révolution – ce qu'expliquent également des conditions matérielles : en ces temps troublés, le processus d'édition est perturbé, de plus la littérature cède le pas à des publications de propagande. La question du sort à réserver aux auteurs du passé est un des grands débats des années 1920 et 1930. Certains pensent qu'il faut jeter aux oubliettes les auteurs anciens et créer une littérature nouvelle, socialiste, en parallèle avec le projet de créer un homme nouveau. Finalement, dans les années 1930, on assiste à un retour des classiques dont profite Victor Hugo. Il est alors inséré dans le panthéon littéraire soviétique des écrivains étrangers, il est assimilé par la culture soviétique, largement publié et célébré. En 1952, le pays célèbre les 150 ans de la naissance de Victor Hugo.

## Comment comprendre l'appétence des révolutionnaires russes pour l'œuvre de Hugo ?

Avant la Révolution, le régime tsariste s'inquiète de tout ce qui conteste l'ordre et pousse vers un changement politique. Même si Victor Hugo a des réticences face à la violence révolutionnaire, son discours et la représentation qu'il propose de la Révolution va inspirer certains révolutionnaires. Dans un contexte de censure qui ne permet pas la mise en place d'un débat politique, la littérature accueille les débats idéologiques : on parle d'une culture littératurocentrée. La pensée politique s'élabore beaucoup à travers les textes littéraires, nul étonnement donc si une personne politisée se base surtout sur les œuvres littéraires.

Après la Révolution, Victor Hugo est classé du côté des écrivains « progressistes », dans une vision manichéenne où s'opposent un camp progressiste et un camp conservateur, et est approuvé à ce titre. Cependant, derrière cette approbation idéologique, on discerne également des motivations esthétiques : ainsi, Anatoli Lounartcharski, commissaire du peuple à l'Education, défend Victor Hugo en expliquant qu'il a aussi une capacité à entraîner le lecteur dont devraient s'inspirer les écrivains soviétiques.

# Entretien avec Sofia Tchouikina
## *Prolétariat contre élites et évolution des musées*

**Sofia Tchouikina** est ancienne élève de l'Université Européenne de Saint-Pétersbourg, maître de conférences en civilisation russe et en langue de spécialité, chercheuse à l'Institut des Sciences Sociales du Politique (ISP, UMR 7220). Elle a enseigné en France, en Russie et dans d'autres pays. Elle a travaillé notamment à l'Université Blaise Pascal à Clermont-Ferrand (2009-2012) et à l'université de Kazan en Russie (2003-2005). Ses recherches actuelles portent sur les musées d'histoire et les expositions historiques en Russie.

**La dictature du prolétariat s'est avérée un mythe puissant. Une fois au pouvoir, que cherchaient les élites soviétiques : se contentaient-elles d'imiter les anciennes élites ou voulaient-elles un nouveau modèle ?**

Il y a eu une imitation partielle des anciennes élites. Les membres du Parti, après la Révolution, occupaient les appartements bourgeois. L'appartement de Kirov à Saint-Pétersbourg, qui est devenu un musée, avait par exemple été réquisitionné. On peut y voir le luxe dans lequel vivaient les dirigeants : sept pièces, une salle de bain, une bibliothèque, des peaux d'ours... Les nouvelles élites font appel à des gouvernantes et des précepteurs pour leurs enfants. Ce sont justement les membres de l'ancienne élite qui donnent les leçons. On observe une appropriation culturelle. Toutefois, les deux classes sociales apprennent à vivre en bonne entente. On peut remarquer dans les appartements communautaires des formes de protections mutuelles entre les familles riches de l'époque tsariste et les soviétiques.

**Après 1917, les anciennes élites ont-elles**

**adhéré à l'URSS ?**
Après 1917, ceux qui le pouvaient partaient, les autres vivaient dans la peur et tentaient de s'adapter au nouveau régime. Quand Staline consolide le pouvoir, l'URSS connaît son premier plan quinquennal, l'abolition de la propriété privée, le début de l'industrialisation… Les anciennes élites, tout comme le reste de la population, en souffrent beaucoup. On assiste à des réquisitions et à des procès à l'encontre des vétérans de la Première Guerre mondiale, des ingénieurs, des membres de l'Académie des sciences. En 1936, la nouvelle Constitution n'est plus discriminatoire : en théorie, tous les citoyens sont désormais égaux – il n'y a plus de mesures contre les anciennes classes dominantes. Cela leur donne beaucoup d'espoir. Celui-ci sera de courte durée, car dès 1937 commencent les répressions. Dans ma famille, par exemple, nous avons perdu beaucoup de personnes. Ce régime fonctionnait sur la peur davantage que sur l'adhésion.

**Sait-on ce qui a fait basculer Staline du côté bolchévique ?**
Il peut s'agir d'un choix de carrière. La plupart des révolutionnaires de Tiflis étant

menchéviks, cela lui permettait de se démarquer. Mais on peut aussi estimer que Staline était fasciné par Lénine et qu'il avait toujours été partisan des mesures rapides, efficaces à court terme.

**Vous avez une spécialité : l'histoire des musées en Russie. Que pouvez-vous nous dire à ce sujet ?**
Les musées évoluent à chaque tournant politique : à la fin de la guerre civile, en 1924, lors du premier plan quinquennal, en 1932 lors du début du réalisme-socialiste, en 1934, au moment de la Seconde Guerre mondiale, puis sous Khrouchtchev, Brejnev et enfin lors de la Perestroïka, puis sous Eltsine et Poutine.

**Quelle était la place de Staline dans les musées soviétiques ?**
Dans la période 1935-1953, on montre la Révolution comme l'œuvre de Staline. On lui associe parfois Lénine, Kalinine, les matelots et les ouvriers. On veut le positionner comme adjoint de Lénine, car cela renforce sa légitimité. A partir de 1961, il a été totalement éclipsé des musées. On ne le voyait plus du tout, même au musée du Komsomol, même quand l'exposition

évoquait l'industrialisation, qui est sa création. Seul Lénine y figurait. Bien entendu, sa présence était encore notable dans le musée-appartement des Allilouïev qui a été conservé, ou dans sa maison natale, à Gori. Le régime ne voulait pas critiquer Staline, mais simplement ne plus le mentionner. En effet, pousser trop loin la critique serait revenu à dire que le projet soviétique n'a pas réussi son pari. Brejnev a ensuite repris la promotion de certains moments du règne de Staline : le financement de l'industrie lourde aux dépens de l'industrie légère, mais aussi la commémoration de la Seconde Guerre mondiale, très codée et sans critique. Un double discours s'installe qui empêche autant de dire du bien que du mal. 20 % de la population soviétique est passée par le goulag et le traumatisme n'est pas tabou en société ; d'autre part on n'en parle ni dans les manuels, ni dans la presse, ni dans les musées.

**Quand est-ce que les musées commencent enfin à remettre en cause la politique de Staline ?**
Sous la Perestroïka puis Eltsine, la question commence à se poser. On remarque une

différence entre les régions et entre les villes. Dans certaines villes-usines (Vorkouta, Novokouznetsk…) et dans le Nord européen de la Russie, qui ont été réellement développés sous Staline, on veut pouvoir parler de cette époque qui fut fondatrice et qui a rendu fiers les habitants. A l'inverse, dans les zones qui comptent beaucoup d'anciens détenus, on veut évoquer l'ampleur des répressions, sans pour autant les associer directement à Staline. Et puis, il y a bien sûr Moscou et Saint-Pétersbourg, où l'on se pose cette question : « Comment montrer la figure de Staline dans nos musées ? » On veut installer des statues, car elles répondent à un vrai intérêt des gens. Or, afficher son portrait, c'est le normaliser. On essaie donc de le présenter derrière des barreaux, mais cela ne donne pas forcément l'effet attendu.

**Et aujourd'hui, comment Staline est-il traité dans les musées russes ?**
Nous sommes dans une période de transition. Le gouvernement a interdit Mémorial, une ONG qui enquête sur l'histoire de la répression, afin de reprendre le contrôle du récit. Mon point de vue est qu'ils veulent effacer les détails pour qu'on

ne sache pas concrètement qui était responsable de quoi. En quelque sorte, nous dire : « Il y a des pages noires, comme le travail forcé, certes, mais cela était nécessaire ».

**Poutine voudrait donc utiliser pour lui le mythe stalinien ?**
Il est opposé aux idées bolchéviques, mais il aime le projet de Staline d'un Etat fort et autoritaire. Bien entendu, ceux qui retoucheront la mémoire seront obligés d'être nuancés.

*Essai et entretiens publiés avec le concours de L'Ours Magazine, média spécialiste de la culture russe. Plus d'informations sur oursmagazine.fr*